Barbara Bronnen

MEINE TOSKANA

Barbara Bronnen

MEINE TOSKANA

Eine Liebeserklärung

Mit Illustrationen
von Susanne Janssen

WILHELM HEYNE VERLAG
MÜNCHEN

2. Auflage

Gesamtgestaltung: Christian Diener
Satz: Kort Satz GmbH, München
Gesetzt in der Bodoni Old Face BE 10,5 Pt.
Druck und Bindung: Franz Spiegel Buch GmbH, Ulm
Printed in Germany

ISBN 3-453-08691-0

Eine Liebeserklärung nennt Barbara Bronnen ihr Buch, und das, woraus sich ihre Miniaturen zusammensetzen, woran sie erinnern und was sie beschwören, ist ihre ganz persönliche Sicht. Ausgehend von kleinen Beobachtungen, ob im Zug, bei Festen, beim Olivenernten, oder wenn es um Brotteig, Spaghetti, Müll oder einen ehemaligen Liebhaber geht, entwickelt sie ein Bild der Lebensart in der Toskana. Sie erzählt von ihren Mythen ebenso wie von den individuellen Temperamenten ihrer Bewohner. Sie hat ihre Trauer kennengelernt und ihre Phantasien, ihre Abenteuer und ihre Herzenswärme, ihre Zwiespälte und ihre geistigen, erotischen und politischen Widersprüche ... Entstanden sind kleine Geschichten und Geschichte im Kleinen.

Dabei glaubt man den Tonfall einer Stimme zu hören oder die Form eines Steins zu fühlen, man hört die Liebesformeln, spürt die Schönheitstrunkenheit der Italiener; die Melodie der Sprache klingt wie der Refrain eines Liedes – all das, was vom Dasein und der Imagination der Italiener geprägt ist, wird mit Behutsamkeit und Achtung vor dem anderen registriert, wird gesehen mit den Augen einer Frau.

Eine sinnliche Liebeserklärung voll Vergnügen – ein Buch, das zum Verständnis der italienischen Natur vordringt und zu jener speziellen Wesensart, die unsere Herzen erweckt.

Für Bernd, Dieter, Florian

Ankunft

Selbst dieses entlegene Fleckchen ist mit öffentlichen Verkehrsmitteln zu erreichen, und sobald ich mich, dem Nachtzug in Florenz kurz nach fünf Uhr entstiegen, im Bummelzug wiederfinde und gemächlich von Dörfchen zu Dörfchen fahre, während die Sonne alles mit ihrem Gold überzieht, fühle ich, wie mich Ruhe überkommt. Ich freue mich auf den Frieden, das Land, die Leute, meine Arbeit am Schreibtisch und im Garten.

Dort, in Roccatederighi, habe ich zu schreiben begonnen, damals, als ich Florian erwartete, vor nunmehr fast zwanzig Jahren. Ein Ort des Schreibens ist es geblieben, aus jener Situation geboren, als ich zum ersten Mal Verantwortung für ein anderes Wesen empfand, das von mir abhängig war. Eine Stätte der Betrachtung auch, des Rückzugs, anschaulicher Arbeit und Konzentration, ganz von der Umgebung und ihren Menschen durchdrungen, eine Welt, die sich mir langsam erschloß. Und nicht zuletzt auch ein Ort der Anfänge: der Anfänge meines Sohnes und meiner Bücher, meiner Ehe und ihres Endens, ein Ort neuer Liebe. Das Leben

dort hat meines durchdrungen, vieles habe ich durchlebt, vieles durchdacht und übernommen.
Mein tägliches Hinhorchen auf ein anderes Land mit anderen Menschen hat mich aufmerksam gemacht. Eine andere Sprache erreichte mein Ohr, die für anderes da war, nicht zum Schreiben – eine Abkapselung und Sprachgrenze, von mir so empfunden, die meine Arbeit schützte. Die Empfindungen der Einsamkeit habe ich hier schätzen gelernt, nur in schlimmen Zeiten fühlte ich mich allein. Die Stille ist mein Freund geworden, die Vögel sind meine Begleiter, und der Wind und der Geruch, die Seele dieses Landes, lassen meine Zerstreutheit schwinden – all das sind Dinge, die ich aufspeichere, ehe ich wieder zurückkehre in die Stadt.
Und so frei ich hier geworden bin, so spürte ich auch festen Boden, Erdung, nicht anders als Florian, der hier seine ersten Schritte machte. Für das intuitive Erfassen von Menschen anderer Nationalität und Sprache ist dieses Land sehr förderlich für ihn gewesen und ist es noch, nicht zuletzt aufgrund einer zutiefst anderen Auffassung vom Leben, Lieben, Essen…
Was ich hier sehe und erlebe, ist nicht nur Schönes, ist ebenso Zerstörung, Niederwalzung, Abholzung, Baubesessenheit, Maschinenraserei, Medienüberflutung und Touristentingelei. Die Trostlosigkeit, die mich dabei manchmal überkommt, reguliert meinen Blick und empört meine Seele. Aber ich pflanze die Zypressen immer wieder, die Margerite, den Granatapfelbaum, säe kleine Blümchen und Petersilie, ziehe Tomatenstauden, beschneide den Wein und träufle Öl auf mein Brot, ich will von diesem Teil meines Ichs nicht lassen…
Ich unterliege bei allem, was ich tue, dem Gesetz des Gastes, dessen bin ich mir bewußt. Weder gibt es Unbegrenztheit in der Aneignung, noch ist mir

alles durchschaubar. Nie werde ich alles über dieses Land begreifen, für das ich ja nicht in jenem Maße verantwortlich bin wie die Menschen hier. Ich bin Gast, vielleicht ein gerngesehener Gast, so wird es mir übermittelt, und ab und zu bin auch ich die Gastgeberin. Was ich erfahre und erlebe, flößt mir Liebe und Achtung ein, aber auch Vorsicht: Alles, was sich mir auftut, ist älter als ich selbst, und ich maße mir nicht an, es richtig zu verstehen. Alles, was ich hier berühre, ob Tisch, Blume oder Stein, hat einmal anderen gehört. Den Granatapfel- und den Feigenbaum haben andere gepflanzt, und die Stelle über der Quelle, wo jetzt mein Schreibtisch steht, war einst Besitz der Ziegen, ihr kleiner Stall.

Alles hier hat seine Geschichte und eine Tiefe, von der ich wenig weiß. Für manches habe ich Gespür entwickelt, manches bleibt mir ein Rätsel. Ich hielte es für vermessen, mehr als Stückwerk dazu zu schreiben, deshalb diese kleine Form: Mosaiksteinchen mit den Malen meiner bescheidenen Erfahrung, Parabeln, Phantasien, Vergleiche, kleine Erlebnisse mit Menschen, Bäumen, Steinen, Tieren, Pflanzen – und nicht zuletzt mit mir, einer Frau (sie steht mir zu, die Wendung »mit den Augen einer Frau«).

In diesem Augenblick nähert sich der Zug dem winzigen Bahnhof, mitten auf freiem Feld. Da steht Gianni, unbeholfen, stumm, mit einem Gesicht, als hole er seine Liebste. Und da Livio, der Bahnwärter, breit grinsend, die Mütze schief auf dem Kopf: »Benvenuta, Barbara, wann treffen wir uns?«

Meine Ölbäume

Gerade im richtigen Alter, in dem man auch das Wilde und Bittere, das Lederartige und Steinige zu schätzen weiß, bin ich an einen Olivenhain gekommen. Früher hätte ich mich an der majestätischen Kargheit dieser hohen, breiten Bäume mit ihren verästelten Kronen, der graugrünen, im Alter schrundigen und rissigen Rinde wundgestoßen. Diese schilfigen silberweißen, je nach Sonnenstand goldfarbenen Blätter und diese achselständigen, grünlichweißen Blütenträubchen hätte ich kaum bemerkt. Meine Zunge hätte sich am bitteren, öligen Fleisch der schwarzen Steinfrüchte gerieben, und die Zähne hätte ich mir an der kleine Keule ihrer Steinschale ausgebissen. Welch ein Reichtum heute, im reifen Alter erkannt! Mein von den grauen Mauern der Stadt abgestoßener Blick gleitet befreit über das milde Silbergrün der vom sanften Wind gewendeten und gefächelten Blätter, und sobald mich Gianni an meinem Haus abgesetzt hat, eile ich zu meinen Bäumen, um sie zu umarmen. Und in der Früh, bei der ersten Morgenröte, stehe ich, noch im Nachthemd, wie ein weißer Geist in meinem Hain, die Füße vom Tau benetzt, zerkratzt von stachligen Winden, umgeben vom herben Geruch der Gräser, die ich niedertrat. Und nach dem Abendessen muß ich noch einmal dorthin unter dem Vorwand eines Spaziergangs, in Wahrheit aber flüstere ich mit meinem Lieblingsbaum, während die Katze einen Purzelbaum schlägt, um einen Falter zu ergattern.

Ein Haus, ein Baum, ein Kind, ein Buch. Mein Leben dort ist geprägt von letzten Dingen: die letzte (echte) Brombeere auf der Zunge, die letzte (echte) Tomate, echte Butter, echte Milch... Mein letztes Haus, wenn ich Glück habe, mein letztes Buch, meine letzte Liebe, mein letzter Baum...

Früher haben mir diese Bäume Angst gemacht, dieses Wetterwendische und seltsam Kühne, diese unbändige Kraft. Sie senkten die Zweige, wenn ich zu ihnen ging, und ließen mich nicht ein, fremde, abweisende Geschöpfe. Waren das Geister, die draußen im Mondlicht winkten mit ihren beinfarbenen Armen, war das Teufelsholz? Später, als ich es übte, verläßlich und genau auch mit der Natur zu sein, lernte ich, mich ihnen demütig zu nähern und das zu tun, was nötig war. Ich wies den Bauern an zu ackern, zu pflügen, zu düngen, und mit ihm zusammen lernte ich, die grauen Ästchen zu beschneiden, während er die Krone absägte, grausam, aber notwendig, damit wir die Oliven auch erreichten, zur Ernte im November, wenn ich meine Tage verteile zwischen Buch, Bett, Baum und Sohn.

Meine Ölbäume! Alles, was ich über sie schreiben könnte, reicht nicht an sie heran. Es sind die schönsten der Welt, mit rotbrauner Erde unter ihren gabelförmig gespreizten Stämmen. Es gibt längst kein dunkles Geheimnis mehr zwischen uns, und sie haben sich nicht zu beklagen, es sei denn,

Unwetter und heftige Stürme, die Olivenfliege oder der Frost forderten ihren Tribut.
Wir lieben die Wärme, meine Bäume und ich. Aber mich hat der Frost nicht getötet, der vor acht Jahren durch seinen plötzlichen Temperatursturz minus 25 Grad erreichte und die noch regennassen Bäume in gläserne Eisphantome verwandelte, Wassergöttern vergleichbar, von deren Armen wellige Fluten herabwallten und deren Köpfe sich in schwere Kronen verwandelten, die sie zu Boden zogen. Ich habe noch das Wehklagen der Bauern im Ohr, als sie ihre alten Gefährten fällen mußten – noch heute hat sich die Landschaft nicht von diesem Schock erholt. An die Stelle der hohen Königsbäume, von den Arabern nach Italien gebracht, hat man vielfach die schnellwachsenden Straucholiven gepflanzt, kurzwachsende Nutzpflanzen, bequem auch für kleinere Italiener zu ernten, doch ohne Poesie.
Wie bei jeder Liebe ist es ratsam, sich ihr nicht unbekümmert hinzugeben, sie bedarf der Sorgfalt und Pflege, sonst gibt es keinen Ertrag bei der Ernte. Dann heißt es zupacken, die saftige, ölige Frucht in den Sack zu bringen, der Regen, der Wind, die Kälte, wer weiß…
Halbe Tage in den Bäumen. Früh am Morgen das Buch, dann der Baum. Stille Tage, unter Blättern verborgen, kühl und feucht. Wie Hühner sitzen Esimio, das winzige Bäuerlein, Elsa, seine ausladende Frau, Gianni, der einfältige Sohn, und ich in den Ästen, zu unseren Füßen glänzt weiß das ausgebreitete Netz. In träumerisch-ruhigem Takt lassen wir die Zweige durch unsere roten breiten Kämme gleiten, olivenumrieselt beim dumpfen Klang des Aufpralls der glänzenden Früchte auf dem Boden. Manchmal fliegt mir eine davon, hinauf in die Weite des grauen Himmels, eine Engels-

olive. Elsa hält einen kleinen Weidenkorb im Arm. Sie schwatzt, singt und ächzt. So, in den Oliven sitzend, habe ich Italienisch gelernt, so habe ich meinen Sprachschatz Jahr um Jahr vom Wetter auf die Früchte des Landes und die des Leibes, mein Kind, und auf das Leben insgesamt ausgedehnt, um schließlich auf *amore* zu kommen, unser Lieblingsthema beim Schwatz. Mit wem es der »Americano« jetzt hat, und mit wem der »Garofano Rosso« (der diesen Spitznamen bekommen hat, weil er stets eine rote Nelke an die Brust geheftet trägt), und mit wem »Cupido«, der kleinwüchsige Liebestolle, der so gerne Liebe macht...

Wir holen das spärlich gefüllte Netz von beiden Seiten ein und ziehen es mit seiner Last zum nächsten Baum, mit krummem Rücken, braungefleckten Händen und Hosenböden.

Esimio, der Bauer, ist selbst eine Olive. Knorrig, verhutzelt, bräunlich, scharf im Geist und schwierig dazu. Wie der Ölbaum will er umworben sein, dann schenkt er uns die bitteren Früchte seines toskanischen Witzes, schnoddrig und treffend wie der Berliner. Und wie der Ölbaum trägt auch er in sich dieses Anarchische, ist aufsässig und widerborstig, aus Teufelsholz geschnitzt.

Zu viert klammern wir uns am Netz fest, um nicht am steilen Abhang abzurutschen. Elsa entfährt ein menschlicher Ton, wir lachen. Nach vier Stunden flirrt es vor meinen Augen, nichts als schwarzglänzendes Olivenmeer, eine Frucht ist mit Wucht auf meinen Augapfel geprallt, daß es schmerzt. Rundum Geschnatter und mütterliches Gekreische, die Nachbarn sitzen allesamt in den Bäumen, wir rufen uns Aufmunterndes zu. Dann füllen wir die Oliven in den Sack, lassen die glänzenden Eierchen befriedigt durch die Finger gleiten, in der Nase ihren scharfen Geruch.

Andere Gedanken als an Oliven hege ich nach drei Tagen längst nicht mehr. Mein Rücken schmerzt, ich kann nicht mehr, und für einen Augenblick fühle ich die Hand Esimios an meiner Schulter: Essen will er. Er nimmt das feuchte, an den Enden geknotete riesige Taschentuch vom Kopf. Äste knacken, auf einem freien Platz wird aus abgeschnittenen Zweigen Feuer entfacht; es brennt ölig und knisternd.

Vorübergehend verwandelt sich die Gegend in ein einziges Paradies, von Kindern geliebt, erfüllt mit köstlichen Gerüchen nach zart gebratenem Fleisch und herrlichen Knoblauchspaghetti, Brot, Wurst und Schinken. Ob auf freiem Feld oder am Meer: Kein Italiener will auf sein Mahl verzichten. Es gibt Nachtisch, Käse, Obst, und von überall erschallen die Rufe: Komm, iß mit uns...

Dann richten wir uns wieder auf, ein wenig seufzend, doch mit rasch erwachender Sammelgier, nur noch ein wenig... Und jeden Abend, krumm, aber stolz, wiegen wir: Von allem, was der Bauer mit den Seinen für uns gesammelt hat, erhält er die Hälfte, so verlangt es das Gesetz.

Haben wir all die Bäume abgeerntet, die nie voll tragen – dreihundert an der Zahl, davon mehr als die Hälfte verwildert –, fahren wir mit den Säcken und Kisten zur Ölmühle. Stolz wie eine Kaiserin throne ich auf meiner Frucht und fahre auf dem Traktor ins Dorf ein, in grünliches Zeug gehüllt. Im Nachbardorf, das noch eine alte Ölmühle mit Steinmahlwerk besitzt, werden die Säcke gewogen und etikettiert: Hier will jeder nur vom besten, natürlich seinem eigenen Öl – auch mir ist mein olio extra vergine all diese Umstände wert.

Wenn wir am nächsten Tag das kalt gepreßte Öl abgeholt haben, in wunderschönen silbernen Gefäßen – selten mehr als 150 Liter –, fahren wir nach Hause und entfachen den Kamin. Umringt von den drei Katzen, rot, weiß und grau, drei Typen von unverwechselbarer Persönlichkeit, rösten wir das in Scheiben geschnittene Weißbrot und träufeln dann das grüne Öl auf den Toast: die »bruschetta«. Dazu essen wir Pinienkerne, einen feinen Salat.

Zwei Wochen habe ich hartnäckig in den Bäumen gesessen, bei dieser vermaledeiten Fron, meine Hände sehen verarbeitet aus, mein Gesicht trägt die Spuren der Olivenzweige, mein grünes Zeug ist ausgerissen, und seit Tagen habe ich nicht daran gedacht, mich zu schminken... Ich bin vollkommen glücklich.

Garofano Rosso

Seit achtzehn Jahren begegnet mir Garofano Rosso wie die meisten Männer in Italien immer alleine, die rote Nelke, der er seinen Spitznamen verdankt, im Knopfloch, und dieses Schmuckes wegen trägt er stets ein Jackett. Er läßt sich keine Gelegenheit entgehen, mir ein Kompliment zu machen. »Sempre in forma, Barbara«, sagt er, wenn ich bei meinem morgendlichen Lauf durch die Zypressenallee an ihm vorübereile. Und wenn er mir, im grünen Jagdkostüm, Nelke im Khakihemd, im Wald begegnet, zupft er an seinen gewölbten Lippen und sagt mit noch dunkler werdenden Augen: »Seit zwei Tagen habe ich dich nicht gesehen. Du liebst mich nicht! Aber ich werde alles tun, um dich zu erobern.« Da ich ihn kühl und stolz mustere, sagt er: »Und wenn ich dich frage, ob du mit mir ans Meer fährst . . . ?« Ich blicke ihn von der Seite an. »Ach so«, sagt er, rasch, um mich nicht zu erzürnen, »ich vergesse immer wieder unsere kleine Abmachung, ich weiß.«

Vor zehn Jahren habe ich ihm das Versprechen abgenommen, mich mit seinen Anträgen nicht in die

Flucht zu schlagen. »Ach Barbara«, sagt er deshalb seufzend, wenn er sich an meinen Schreibtisch im Freien herangepirscht hat, wo ich sitze, von wilden Rosen umrankt, den Ast eines Feigenbaums mit saftigen Feigen vor der Nase, im Schatten eines riesigen, vom Leben zerfressenen Eichenstamms, dicht vom fetten Grün des Efeus umwunden, »Bella, ma sempre lavora. Was macht deine Heldin Laura, hat sie noch diesen, diesen ...«

»Helmut«, helfe ich aus, »ja.«

»Aber sie ist doch nicht mit ihm zufrieden, will sagen, er schafft es nicht, sie ... gut mit ihr Liebe zu machen, und dann noch dieser Altersunterschied, corpo di baccho! Arme Laura, so jung und so schön! Ein wahrer Pygmalion, dieser Ellmute ...«

Garofano Rosso hat Humor und schleppt eine ganz hübsche Bildung mit sich herum, und wie alle Italiener ist er an meiner Arbeit interessiert. Hier fragt jeder danach, ganz anders als zu Hause, wo es meine Gemüsefrau nicht kümmert, was ich tue. Ob Schuster oder Bauer – keiner hat die Liebe zum Geschriebenen und Schreibenden verloren, und meine handgeschriebenen Seiten entzücken Garofano Rosso wie Liebesbriefchen. Was sonst, wenn nicht dieser Enthusiasmus, bewirkt es, daß ich so gern dort schreibe? Dabei lesen sie nicht wirklich, aber manche haben gelesen. Sie kennen ihren Dante, gar einen Roman von 400 Seiten, die Zeitung lesen sie täglich von A bis Z. Und sie sind bereit, mir ein Talent zuzugestehen, sie wissen um meine Arbeit, die mich festschmiedet, acht Stunden lang, und zollen ihr Bewunderung, das tut gut. Garofano Rosso nimmt die mit Buchstaben gefüllte Seite in die Hand, fährt die Zeilen mit dem Finger nach und sagt: »Bello«; er seufzt, und das Licht, das die Sonne in seine Züge malt, hat einen Zauber. »Ich finde«, sagt er langsam und listig,

»daß dir etwas fehlt.« Es passiert nur einer Anfängerin, bei dieser Beharrlichkeit Ärger zu empfinden, und ich lache ihn an.

Seit seiner Kindheit, von Frauen gehätschelt, ist Garofano Rosso in einer Welt geblieben, die sich um seine Person dreht, und selbst seine Arbeit als Wirt beläßt es dabei. Wichtig an seiner Frau, der mütterlichen und appetitlich alternden Gwendolina, sind ihm das Heim, die Bequemlichkeit, die Gewohnheit, und ab und zu betrügt er sie, doch nicht ernsthaft, so etwas wie ein Lausbubenstreich. Nein, ein Paar hat er mit ihr nie gebildet, und in den Jahren, die ich dort bin, habe ich die beiden nie zusammen über die Straße gehen sehen.

Nur junge Männer und Frauen, solange sie verliebt sind, sind Paare; der verheiratete Mann ist ein einsamer Wolf. Mit samtenen Augen und katzenhaften Bewegungen, ein Lied auf den Lippen, läßt er sehr rasch von seiner Frau ab und wendet sich wieder der Männergruppe in der Bar zu. Das ist seit seiner Knabenzeit der Hort, seine eigentliche Familie, wo man, den Blick auf vorübergehende Frauen geheftet, von ihnen träumen kann, ihren Stimmen nachlauschen, diesem Geruch nachsinnen, ihren Schritten, ihrem Gang.

Ein sehr weibliches Vergnügen, das ich empfinde, wenn ich durchs Dorf gehe, an einer Galerie von Männern vorbei, acht, zehn, fünfzehn Männern. Richtige Männer, gleichgültig wie alt, mit den Eigenheiten, dem Charme, den Marotten und dem Besitzdenken von Männern. Und alle allein.

Nein, das Paar ist eine Erfindung des Nordens. Hier lösen sich die Männer nur aus ihrer Gruppe, um einem Abenteuer zu folgen. Von echten Paaren, die alles miteinander tun und teilen, hat sich gerüchtweise bis hierher etwas durchgesprochen,

und sie sehen an den Touristen, daß es das gibt. Sie selber aber berührt das nicht, nicht ihre Träume und Taten.
Wie alle Männer fühlt sich Garofano Rosso nur dann vollständig als Mann, wenn er sich einer Frau gegenübersieht. Und weil das in einem Ort wie diesem nicht so leicht ist, eine einsame Frau aufzusuchen, besucht er mich. Es ist gefahrlos, verpflichtet zu nichts und birgt doch den Kitzel, eine Ausländerin noch dazu...
Im Umgang mit Garofano Rosso mache ich mich mit dem Luxus vertraut, den ich nicht kannte: vom Inhalt meiner und anderer Bücher zu erzählen, leichthin plaudernd, voll Liebe. Ja, die Liebe daran erwacht hier in mir, fühlbar geworden durch seine Neugier und Fragen. Hier kann ich manchmal sogar stolz sein. Und natürlich gefällt es ihm besonders, wenn ich an einer Liebesgeschichte schreibe, einer richtigen, facettenreichen, feinen, einer dicken Liebesgeschichte mit Eifersucht, Entsagung, Begehren, Sichkriegen und so, und ich lerne von ihm Bezeichnungen fürs Lieben, fürs Verzichten, Glühen, den Liebestod. Wir spinnen, phantasieren, tauschen aus, stellen um. Garofano Rosso lernt schnell.
»Heute hab' ich von einer Frau geträumt«, wirft er mir den Köder hin, »ich hörte nur ihre Stimme, sie sang ein Lied. Ich folgte ihrer Stimme wie unter Zwang und dann...« Nach zwei Stunden »steht« ein neuer Roman, und tief befriedigt, nach drei Gläsern roten Weins, zieht Garofano Rosso von dannen, um oben im Dorf lässig zu seinen Freunden zu sagen: »Alessandro, weißt du, wie ein Roman entsteht? Nein? Also, man fängt mit einem Traum an, einem Traum von einer Frau, baut ihn aus, bis eine Frau und ein Mann dastehen. Dann wartet man eine Weile, bis sich Hindernisse auftun,

je schwieriger, um so besser für den Roman. Und die Frau und den Mann läßt du verschmelzen, in einer einzigartigen Nacht. Dann aber mußt du das wieder auflösen, capito? Es folgt ein Kampf bis aufs Blut, und dann geht jeder wieder seiner Wege... Einzig und allein so ist der Schluß richtig, und das will gekonnt sein: nie so, wie du dir das denkst! Nur dann ist das Buch gut.«

Solch überraschende Schlüsse hat Garofano Rosso inzwischen aus unseren Gesprächen gezogen, doch erst einmal ist er verwirrt, als wäre er selbst enteignet. Unsere Gedankenspiele haben ihn besorgt gemacht, ratlos der ausgesponnene Kampf. Warum eigentlich nicht heiraten, Familie gründen, Dickerwerden und aus? Ihm wäre es verständlicher gewesen, sich sanft im ehelichen Gewiege aufzulösen, in Ruhe, Kindern und Heim. Warum soviel Unbill, Zerstörung, Unfriede, Trennung, gar: nicht wissen, wohin?

Er hat den Freunden oben im Dorf gesagt, was er weiß. Jetzt schüttelt Garofano Rosso den Kopf, seufzt zufrieden, denkt kurz an seine Familie und raucht. Die Begegnungen mit mir sind anstrengend für ihn, eine Berührung mit einer anderen Welt. Stehend ruht er sich aus, an die Mauer gelehnt und unbeweglich, die Augenlider ziehen sich zusammen, das Feuerchen in seinen Augen verlischt. Dann geht er durch die Gassen langsam nach Hause, zu seinem Zufluchtsort. Dort, wo jetzt in einer Art Höhle seine dicke Frau mit den Kindern wohnt, in einem Haus halb im Fels. Dort, wo er er selbst sein kann, ohne fremde Aufsässigkeit und utopische Phantasien. Dort, wo er sich vergraben kann mitsamt seinen Träumen und roten Nelken auf der Brust, geborgen, als wäre er nie geboren.

Die Kastanie

Manchmal im Winter sehe ich meinen Liebsten sich zur Erde herabbeugen, im Gesicht kindliches Entzücken, murmelnd, mit weichen und doch männlichen Zügen. Dann richtet er sich auf und steckt unbemerkt, wie er meint, etwas ein, geht weiter, in diesem lichten Kastanienwald, eine Hand in der Tasche, die Finger spielerisch bewegt.

Sag nichts! Laß ihm diese Reliquie allein! Diese Frucht seiner späten Kindlichkeit...

Ich lächle, schweige, blicke diesen alten Jungen von der Seite an, der sich hier immer verjüngt wie alle – von der Sonne, vom Meer und von der Luft.

Und ein wenig später, als wir die Zypressenallee entlanggehen, stecke ich meine Hand beiläufig zu seiner in die Tasche und fühle die glatte Haut der jungen Kastanie, die wir nun zwischen unseren Fingern hin- und herrollen.

Und noch später, als wir schlafen gehen, finde ich dieses glänzende braune Ei in meinem Bett.

Die Kastanie ist sein Lieblingsbaum. Es sind sanfte, ausladende Bäume, frisch und adrett, wie

Bauersfrauen mit braunen Augen, und ihre Stämme sind glatt und kühl, von edlem Grau, es tut gut, sich an sie zu schmiegen, wenn es heiß ist. Die gezackten Blätter haben die Form mißglückter Weihnachtsplätzchen, aus denen Tannenbäume hätten werden sollen, und die Schwalben streifen dicht über die hohen Kronen hin. Und wenn die Kastanien blühen mit diesen in den Himmel wachsenden Wunderkerzen aus unzähligen weißen Blüten mit einem kleinen roten Punkt in der Mitte, dann fliegen bunte Schmetterlinge, Wespen und naschhafte Bienen darüber hin, ein geheimes Gewisper.

Schön ist die Erde unter diesen Bäumen, dunkelbraun, fast schwarz und feucht, mit einem Trüffelgeruch – eine Erde aus reifen Kastanien gemahlen. Mein Sohn hatte seinen Sandkasten mit Kastaniensand gefüllt, lang ist das her, und kaum stieg er aus dem Auto, lief er darauf zu und rief: »Baby Urlaub! Baby Arbeit!« Manchmal hole ich Erde, um die Pflanzen im Garten zu verwöhnen, und ich atme und fühle das Dunkle, das sich über die glitschiglehmige Erde legt.

Abends, wenn es kühl wird, sitzen wir am Kamin und rösten die braunen Eier, bis die Schale platzt, trinken roten Wein und essen die Kastanien. Ich bin's zufrieden, fast nichts zu denken, lehne meinen Kopf an seine Schulter und ruhe mich aus. Und wenn wir wieder fahren müssen und ich zusehe, wie er seine Wäsche in den Koffer tut, seine Bücher und seine Papiere, entdecke ich darunter einen kleinen Kürbis, rot und gelb, der aussieht wie ein Fliegenpilz, einen grünen Stein und eine Kastanie, jung und zart, und wenn ich zu Hause ankomme und auspacke, finde ich ihre Zwillingsschwester in meinem Gepäck.

SPAGHETTI SPAGHETTI

Als ich noch kein Wort Italienisch sprach, staunte ich oft über die Heftigkeit langer Dispute, und in den lauthals ausgetragenen Fehden erahnte ich das Drama des ganzen Südens, wilde Abgründe der Leidenschaft und die Tragik blutrünstiger Zwiste.

Damit kann mir niemand mehr kommen. Denn mit zunehmendem Sprachverständnis konnte ich mich der Erkenntnis immer weniger verschließen, daß es schlichtweg um niedere Instinkte ging, um nichts anderes als die Füllung des Bauches. Und Nahrung, das sind in Italien Spaghetti, Spaghetti und nochmals Spaghetti, jenes weiche nudelige und nudelnde Zeug, das den Italiener umgibt wie Max und Moritz der Brezelteig, einlullend und vor Schmerz schützend, weich und geschmeidig, und hell wie jene Käseschmiere, die uns umhüllt, wenn wir das Licht der Welt erblicken.

Die Entschlüsselung dieser Wortgefechte erteilte mir unbarmherzig die Information, daß das eigentliche italienische Drama im richtigen Verfertigen und Kochen der Spaghetti liegt. Glatt und rutschig müssen sie sein und doch für die Zähne ein leichtes Hindernis – mit Biß, *al dente*. Nun entdeckte ich plötzlich am Italiener das auf *sein* Rezept versessene, rechthaberische und prahlende Kind, das gleichzeitig nach Widerstandslosigkeit und nach Resistenz ruft, nach Zusammengerolltem ebenso wie nach Gestrecktem, nach Geriffeltem wie nach Glattem und immer wieder nach Batzigem, Teigigem – Genuß, sich darin aufzulösen und zu vergessen.

»Deine Auffassung von *al dente*, liebe Eroica, die kenne ich schon auswendig, was soll ich diesem Gelabere noch hinzufügen? Viel zu viel Butter, viel zu viel Ausschweifung, immer findest du Mittel, noch ein bißchen Fett in dich reinzustopfen – *al dente*, das ist eine Kunst, von der du noch nie etwas verstanden hast...«

Hier nun legt der Gatte die Scheidung nahe, denn nichts ist unerträglicher als die Nähe einer Frau, deren mangelndes Fingerspitzengefühl ihm das zärtliche Nudelmahl vergällt. Der Frau, die ihn falsch bekocht, begegnet der Mann mit einer Feindseligkeit, wie ich sie sonst selten in Italien finde. Meter um Meter Spaghetti, die ihren Fingern entgleiten und zu Pampe werden, zu einem glitschigen Brei, grausam wie Kleister, ein Elendszustand. Spaghetti und Ehe sind in Italien eins – ein zusammengerolltes geschmeidiges Band, das besser vereint als das Fleisch, und wenn es reißt, ist es eine Tragödie.

»Ah!« stöhnt unser Feinschmecker, die Hand beschwörend an seiner Leiste, »im Kessel sieden sollte man dich, nackt, bleich und bloß wie ein Spaghetto, um dich zu guter Letzt ganz weichgekocht hineinzustopfen... nichts als dickaufgetragenes schlammiges breiiges fettiges...«

Er spricht vom Standpunkt der Wollust aus, und die besteht allein im richtigen Maß, nie im Übermaß. Essen, um Widerwärtiges zu vergessen, so etwas wie Tod oder Schlaf. Liebe und Leben, Tod und Zärtlichkeit strömen dem Italiener aus den Spaghetti zu, die Sicherheit des weichen, klebrigen Mutterleibs.

Der Gatte zieht seine Hand aus der Hose, knöpft sein Hemd zu, entfernt sich finster und öffnet noch einmal die Tür: »Die Männer, denen ihre Frauen nicht mehr die Spaghetti *al dente* kochen, sind ganz einfach Männer, denen er nicht steht.«

Und er geht zur Bar, um dort seinen klebrigen Träumen nachzuhängen, von zärtlichen, um ihn geschlungenen Spaghetti wie Medusenhaar, eine morbide, geheimnisvolle Fülle in warmblütigem Sugo-Rot. Dann macht er jene beschwörende Geste, bei der er flüchtig seine Brust, seinen Bauch und seine Lenden berührt, sich seiner selbst vergewissernd, seiner moribunden Fleischlichkeit, und zärtlich beklopft er sein in der Hose schlummerndes Spaghetto.

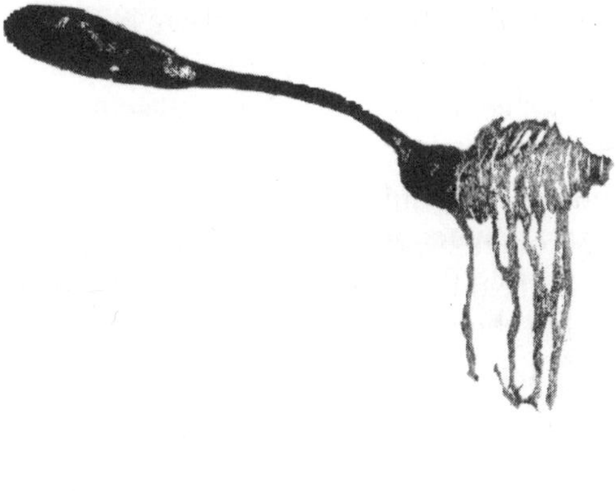

CORNUTO

Der »Gehörnte« trägt schwer an diesem prachtvollen Schmuck, der ihn wie eine Narrenkappe ziert und den er nie mehr los wird, komme, was da wolle, er bleibt Teil seiner selbst.
Früher hatte er einen anderen Namen, ehe man ihm diesen aufsetzte, doch den haben seine Freunde fast vergessen.
Gottlob trägt seine Frau das mit Fassung, und sie schaut rasch wieder weg, wenn die Sonne seinen Hörnern Glanzlichter aufsetzt. Hämische Nachbarn gehen so weit zu behaupten, ihm gebühre längst ein weiteres herrliches Paar, doch kann man das, zum Glück, ja nicht sehen.

KLEINE GÖTTER

Als mein Sohn Florian gerade geboren war, schritt ich, verehrt wie eine Madonna, durchs Dorf, mit weithin leuchtendem Strahlenkranz, den mir das Kind im Arm verlieh. Überall Frauen und Männer, die sich besitzergreifend über mein Kleines beugten und um seine Aufmerksamkeit kämpften, mit Gurren, hohen Stimmen, Winkewinke, Killekille, man lacht, man ist gerührt, die Gesichter strömen über vor süßen Gefühlen. Und das ist in Italien überall so, wo ein Kind auftaucht – es erweckt allenthalben dieses mütterliche Anschwellen der Stimmen und Körper, unwillkürlich dieses Leuchten in den Gesichtern, diese erstaunten und anerkennenden Ausrufe, diese tiefe Zustimmung aus gurrenden Bäuchen.

So mancher Maler hat die Madonna gemalt, sanfte gescheitelte Geschöpfe mit schmachtenden Augen, das Kind an den wohlgerundeten Brüsten, mit verhangenem, hinschmelzendem Blick, und die Gebete der Männer vor diesen verlockenden Gestalten verursachten, daß sich ihre Gedanken wer weiß wo sammelten anstatt in ihren Seelen, verzaubert von diesem sahnigen Busenfleisch. Seufzend vor diesem saugenden Babymündchen, phantasierten sie sich an seine Stelle, liebesbereit.

Ich kannte diese Quelle männlicher Bewunderung genau, die ich, kaum war Florian geboren, mit mir trug, eine Quelle, die eine unzulässige Berührung, vom Kindskopf beiläufig hingleitend zu den Brüsten, nicht zu trüben vermochte. Nur mein Ehrgeiz, eine fast sportliche Lust, verließ mich nicht, diese Gesten zu unterlaufen, und oft hielt ich das Kind vor mich hin wie einen Schild, den Zugriff abzuwehren.

Kinder sind den Italienern kleine Götter und ein lieber Zeitvertreib; ein Vergnügen und eine Wonne, etwas für Mußestunden, und ich habe mir früher den Kopf zerbrochen, warum sie diesen zarten Wesen so viel Hingabe widmen, das Crescendo ihrer Zuneigung und Stimmen. Nein, es ist nicht Sentimentalität, nicht die Rührung am Winzigen allein, am Püppchen – der Italiener ist keineswegs infantil. Es ist nicht der Sieg über den Tod, der mit jeder Geburt betrogen wird, denn der Tod interessiert den Italiener in Grenzen: Er gehört halt zum Leben dazu.

Es ist vielmehr ihre tiefe Gastfreundschaft, die mit dem Neugeborenen ins Unermeßliche wächst; es tut so gut, dem neuen Erdengast alles anzubieten, was es auf Erden an Schönem gibt. Dem Dasein gewonnen, empfängt der Italiener den neuen Ankömmling, der durch bläuliche Nacht zu uns hergekommen ist, durch Wind, Wetter und Gewässer, mit demütig geneigter Stirn und andächtiger Gebärde wie ein Mysterium. Gleich dem höchsten Gast ist ihm für diesen Knirps in seiner körperlichen Würde nichts zu schade, kein teures Hemdchen, keine Spitze, kein Kosewort, keine Leckerei, und das Übermaß an Schutzlosigkeit und Unerfahrenheit nimmt gefangen. Männer wie Frauen umhegen und umwerben den kleinen Gast in ihrer hartnäckigen Art, und ihre innere Großzügigkeit wächst angesichts seiner Winzigkeit ins Riesenhafte. Sein Angewiesensein rührt ihr Erbarmen, ihre körperliche Hingabe, und dank seiner Königlichkeit bedienen sie ihn mit Würde: denn da ist einer, der überhaupt nichts sein eigen nennt. Und all die Schätze dieser Welt, ob Wiese, Blume, Keks oder Stein, schenken sie ihrem kleinen Gast, damit er sich zu Hause fühlt – kein trüber Gast auf dieser dunklen Erde.

Ach, sie sind wunderbare Gastgeber, die Italiener, und ich werde ihren Tisch nicht verlassen, es sei denn, ich kann es nicht mehr bezahlen (die Steuern, die Löhne, die Waren, den Strom). Nein, hier will ich bleiben, ab und zu, wo man mir und meinem Sohn die höchste Ehre erweist und uns bewundert, daß uns warm und hell im Herzen wird. Wo man uns bekocht aufs allerfeinste, und sich freut, was man uns alles schenken kann: die Sonne, das Gras und das Meer. Wo man uns zur Welt kommen läßt täglich aufs neue, und wo man es manchmal auch ein wenig übertreibt, jedenfalls damals, für den kleinen Florian.

»*Picino, bambino, bello, bello!!*«

Das Gesichtchen des Dreijährigen wird rot, und in seinen blauen Augen stehen plötzlich Tränen.

»Ich heiße nicht Bello, ich heiße Floriano!«

Esimio

Ab und zu kommt Esimio, der alte Bauer, runzlig und braun wie eine alte Olive, zur Erde geneigt, und reicht mir mit seinen schrundigen Händen, aufgerissen und knorpelig wie alte Rinde, ein Ei, einen Granatapfel, eine riesige Traube.

Früher ein lebhafter Geist, witzig, manchmal böse und geil, spricht Esimio heute immer weniger, und manchmal sitzt er am Tisch und spielt mit den Nüssen, anstatt zu essen, wie ein unartiges Kind. Und wenn er sich vor seiner lebhaften Frau, die neuerdings das Sagen hat, nicht mehr durchsetzen kann, beginnt er fast zu weinen und klagt, mit hoher, kindlicher Stimme.

In den letzten Jahren hat Esimio immer mehr an Gewicht verloren, schmal ist er geworden, geschrumpft, und gegen den Wind kommt er längst nicht mehr an. Neulich kam ich vorbei, da kochte er im Hof in einem riesigen Topf den Schweinskopf, und der heftige Sturm blies immerfort die Flamme aus. Da drückte er mir ein löchriges Blech in die Hand, um es gegen den Wind zu halten und die

Flamme zu schützen, und verschwand, ein weiteres heillos beschädigtes Blechstück unterm Arm, so lang wie er selbst, um es gegen ein besseres einzutauschen. Trocken wie er ist, wie vom Wind gedörrt, ergriff ihn eine Böe und fegte ihn mit seinem Blech über den Hof, und als er es wendete, um sich zu schützen, kam von der anderen Seite die nächste Böe und trieb ihn in die Gegenrichtung. So durchflog das dürre Männchen den Hof, vom Garten zur Pergola und hin zum Hühnerstall, im Zickzackkurs, bis er schließlich mit seinem Blech zusammensank, die kleinen Hände darum geschlossen. Da lief ich hinzu, ihn aufzuheben, und er lachte, tippelte herum und fegte den Hof mit einem Kinderbesen.

SCHWARZ

Seit meinem sechzehnten Lebensjahr, als ich Italien noch nicht kannte, trage ich bevorzugt Schwarz, schwarze Kleider, schwarze Strümpfe, schwarze Schuhe. Ich wickle mich in schwarze Mäntel, schwarze Stolen, und wenn ich etwas Farbiges eine Weile getragen habe, färbe ich es in einem großen Kochtopf schwarz. Ich liebe dunkle Möbel, schwarze Kerzen und Limousinen, und ich schreibe mit schwarzer Tinte. Seit jeher hege ich diese Neigung zum Dichten und Schweren, zu dramatischen Wolken und düsteren Schatten, zu Patina und Kontur, eine Vorliebe, die ich bei der Italienerin wiederfand.

Schwarzgekleidete reife und alte Frauen füllen, mit aufrechtem Gang, die kleinen Gassen des Dorfes, hoheitsvoll, als wüßten sie, was sie dieser Farbe schuldig sind: würdevollen Ernst, zur Schau getragene Trauer und eine nicht identifizierbare Körperlichkeit. Sie machen einen kompakten, geschlossenen Eindruck, was ohne Zweifel auch mit dem Hinnehmen von Unabänderlichkeiten zu tun hat, mit Trauer und mit Tod. Die Sitte bewahrt die traditionelle Italienerin davor, Farben zu tragen, und steckt sie unablässig in Schwarz, Trauerkleidung, ein Leben lang: unvermeidliche sieben Jahre lang beim Tod des Vaters, drei beim Tod des Bruders, und stirbt gar der Mann, mein Gott: unersättliches Schwarz bis ans Ende des Lebens, den dahinwelkenden Körper verbergend.

Auch die junge Italienerin bevorzugt bei ihrer Toilette Schwarz. Doch findet sie es weder nützlich noch schick, sich als kleine alte Dame zu verkleiden. Ihr verleiht das Schwarz gotisch-filigrane Kontur, vollendetes Ebenmaß und katzenhafte Erdhaftigkeit. Diese Dunkelheit vertieft ihre Augen, den Glanz ihrer Haare und Haut, und prägt ihren dramatischen Hunger nach Unruhe und Veränderung aus. Nie wirkt die Italienerin adrett und sauber, immer ist da dieser Schatten über dem Mund und vor den Ohren, im Nacken diese dunkle Tönung wie Staub. Im Bikini sehe ich Schwärzliches vom Haaransatz bis zum Nabel, vom Rückgrat bis zur Wade – wie Rost. Ihr Gesicht hat etwas Umwölktes, Erzürntes, eine dunkle Empörung, und hinter ihrer verdüsterten Stirn suche ich, oft ohne Ergebnis, einen geheimen Sinn.

Manchmal denke ich, daß der Tradition immer weniger verhaftete Kulturen unter dem Verschwinden des Dunkels leiden, unter dem Mangel an Schwarz, und die Überschätzung von Farbe erregt meinen Ekel. Unablässig streben westliche Länder nach Buntheit und Tageshelle und schalten das Geheimnisvolle aus; mit schwindenden Distanzen schwindet auch im Osten das Schwarz. Bemüht, das Geflüster der Schatten mit dem Blendwerk schreiender Farbigkeit zu verscheuchen, poliert man auf Hochglanz und will Häuser und Wäsche in übermenschlichem Weiß, die Dinge unabgegriffen und die Körper ohne Spuren sinnlicher Erfahrung, gezähmt.

Als könne dies uns Unschuld verleihen, die Unberührtheit weißer sanfter Tauben. Als lösche übermäßiges Licht brandig verschmutzte Himmel und ersetze ölige Gewässer durch Lethe.
Nein, da ist mir das Abgetakelte lieber, das Bröckelnde und Gesprungene! Ich ziehe blinde Scheiben und fleckige Spiegel, rostige Metalle und nebblige Vorhänge vor, in Asche gekleidete Körper und verhangene Zimmer, und diese Buntheit scheint mir wie tot.
Es ist gut, immer wieder anhand von Schwarz zurückzudenken an unsere Verluste, an Trauer und Schmerz, an Trotz und an Verweigerung. Deshalb liebe ich diese gedämpfte Trauer, aus der Armut geboren, denn Armut ist Schmutz, und Schmutz ist nie hell. Ich liebe den Schatten der Negation, der mir nicht so weit vom Leben entfernt zu sein scheint wie unsere fixen Ideen von konfliktfreier Durchsichtigkeit, schuldloser Sauberkeit und freisprechendem Licht.

Die Mamma

Das Herz tut mir weh, wenn ich ihr Adieu sage. Gewiß werde ich Luciana bald wiedersehen, wenn auch ein wenig dicker, schon in acht Wochen vielleicht. Aber ich spüre mein Herz klopfen, im Körper wächst Bangigkeit, als sie mich, tränennaß, an ihre üppigen Brüste zieht und ächzend umarmt: Ciao! Ich bin die Tochter dieser Frau, die in diesem kleinen Ort lebt, in ihrem einfachen Haus, mit den paar Schafen, einer Ziege, 3 Katzen und Hühnern... Ich bin die Tochter, die jetzt fort muß, in eine feindliche Welt, in der es von Akademikern wimmelt und Künstlern, und die kalt ist, voll Sturm und Schneetreiben, in jedem Fall Regen, ich muß fort...

Mammamaremma! Mammamare! Ich schluchze an ihren Riesenbrüsten zwischen zwei baumfesten Armen, viel Frau, so etwas wie eine Muttergöttin mit fließenden Tränen, eine Spenderin von Wärme und Zärtlichkeit. Vielleicht liebe ich sie mehr als ihr Gegenteil, das spitzbrüstige, hübsche, lebhaft quirlige junge Ding, die anarchische Italienerin mit ihrem frechen Schick, ihrem Rebellentum. Vielleicht weil es das bei uns nicht mehr gibt, eine richtige Mamma, vielleicht auch, weil ich besonders bedürftig bin. Ich brauche das Meer, ich brauche Milch und Tränen, und ich brauche die Mamma, ab und zu.

Von fern sieht sie aus wie eine Ruhebank, ein riesiger Stein oder ein Opferaltar, ein Trullo oder ein Festungsblock. Ihre Rundheit und Kuppelartigkeit verheißen Schutz. Mag sein, daß sie mehr als meine Ölbäume, das Meer und die Zypressen der Grund ist, warum ich immer wieder dorthin fahre, diese lebenserzeugende Kraft meines wohlgerundeten Zufluchtsorts. Ach, ich habe gar nichts, wenn ich ihr gegenüberstehe, keine mit Obst gefüllte Schürze, keine Kübel mit Hühnerfutter, keine Zwiebelkränze um den Hals. Ich bin halbnackt und engherzig und dünn, und meine Arme sind leer… Eine Städterin, mit Büchern und verquerem Geist, verkrüppeltem Gefühl. Wie könnte doch alles so einfach sein…

Hier folgt der 60jährige Mann genauso wie das dreijährige Kind, wenn der Ruf »*Si mangia, si mangia!*« erschallt, und ohne Widerstand holen ganze Sippen am Meer ihre Zelte, Boote, Decken und Liegen ein und wandern zum Pinienwald, um zu essen. Mamma! Kindhaft geschürzte Lippen, immer wieder dieser seligmachende Ruf, Erinnerung an eine Zeit des Glücks und des Behütetseins, *Mamma, mangiare, mare*… Rufe voll der Sehnsucht, aufgenommen und aufgesogen zu werden in diesem mütterlichen Atem, verschlungen zu werden von diesem weichen Mutterfleisch, diesen sich überschlagenden Wellen eines geöffneten Körpers. Das gesamte Leben in Italien gruppiert sich um diesen ruhenden Pol, den Mittelpunkt des Lebens. Von diesem Leib aus zieht der Mann in die Jagd des Lebens, von reißenden Bestien umstellt, und von hier aus sucht er sich seinen zweiten Mittelpunkt, die Mutter seiner Kinder, Mamma II. Ein

aussichtsloser Kampf wäre es, sich je von dieser Mamma zu befreien, bei ihr bekommt er Nahrung und Schutz, sie saugt ihn auf und nimmt ihn zu sich. Bei seiner Frau sucht er nur für eine Weile diese überströmende, geteilte Sinnlichkeit, das feuchte Geschlecht, bis die Wellenberge dieses Leibes sein Kind zur Erde bringen und ihn keuchend besiegen. Dann wird auch sie, Mamma II, zur gigantischen Fellini-Gestalt, einem Monstrum, fast schon geschlechtslos und unbesiegbar.
Die Mamma kennt keinen Zweifel, keine Unsicherheit – wie auch, versteht sie sich doch als Gefäß! Dieses Kind, das sich da vor seiner verwirrten Mutter auf die Erde wirft und vor seiner umgestürzten Sandburg schluchzt, mit kantigem Mund und wütenden Gesten, – wie mild sie auf ihn einredet, erbleichend, besorgt, wie sie fleht: bambino mio, wie du zitterst, wirst gar krank! Mamma liebt dich doch, schau, wir fangen an, eine neue Burg zu bauen… Seht dieses junge Bürschchen, wie es weint um seine erste Liebe, mit bebendem Kinn, hineinheult ins teilnehmende Gesicht der Mamma – keine Angst, sich lächerlich zu machen, er schämt sich nicht! Seht diesen Verletzten im Schützengraben, wie er nach seiner Mamma schreit, lest Briefe von der Front: »*Ho lasciato la mamma mia*…«! Seht den erwachsenen Mann, wie er am Grab zusammensinkt, von Weinkrämpfen geschüttelt, voll dramatischer Auflehnung: Mamma ist nicht tot! Immer wird sie weiterleben! Wie hat sie gekocht, sich um ihn gesorgt, MAMMA! Mit großer Verachtung für männliche Zurücknahme des Gefühls weint er sich aus, einem entsetzlich neuen Einsamkeitsgefühl ausgesetzt, das er bislang nicht kannte, so mutterseelenallein…
Prüfend halte ich das schale Bild der deutschen Mutti und dieses üppige gegeneinander, und unser

schmales, schlankes verblaßt in seiner Lieblingsstellung vor dem Kinderbettchen, herabblickend, mit dem Mienenspiel der unglücklich Verliebten. Ganz anders mein italienisches Bild, wo die Mutter ihr Kind herzt und mit ihm lacht, sich über es wirft wie ein Baum mit schützenden Zweigen.

Ciao, Mamma! Ich schaukle in ihren Armen. Es ist wahr, ich werde sie vermissen, diese Göttin des Überflusses, die mich nicht ziehen läßt, ohne mich mit ihren Gaben zu überschütten: »Hier hast du ein paar Birnen und Äpfel, eine Melone und diese Riesenzucchini, nimm sie mit! Hier ein Pinienkuchen, den dein Sohn so gern mag, hier frische Eier und diesen Rosenstock, nimmt ihn mit in die Stadt, nimm! Nein, keinesfalls werde ich das alles wieder mit nach Hause nehmen, auch nicht den Wein, wenn du nicht willst, daß ich mich vor den Zug werfe – nimm!«

Sie, zu der ich zurückkehre, bald, steht auf dem Bahnhof und winkt, immer kleiner und ferner werdend, und wenn meine Abreise auch jedesmal einem Umzug gleicht: Es tut gut, umsorgt und beschenkt zu werden mit den schönsten Dingen dieser Erde, und es ist schwer, diesen Hort der Geborgenheit zu verlassen, wo ich geliebt werde, so geliebt.

Kleinigkeiten

Die Augen der Mama«, sagt der Bäcker. »Die Nase des Papas«, der Apotheker. »Der Mund der Mama«, die Gemüsehändlerin. »Die Ohren des Papas«, der Mann an der Bar.
So ist es, wenn man mit einem Einjährigen durchs Dorf geht. Und wenn er fünf geworden ist, dann klingt das so:
»Oh, da fehlt ja schon ein Zahn!«
Und zu Ostern:
»Der neue Zahn ist ja bereits zu sehen!«
Die Ähnlichkeit von Eltern und Kind, Wachstum und Gedeihen, sind etwas, woran die Italiener teilnehmen und das sie entzückt, und ich spüre darin das Einverständnis auch mit meiner Person. Doch je mehr sich das Kind entfernt, desto intensiver und prüfender die Blicke, als suchten sie darin das Mysterium einer Ehe ablesen zu können, und mich acht hört sich das dann so an:
»Ein *mammone,* ohne Zweifel«, der Bäcker.
Mit neun:
»Ein *babbino.*«
Mit fünfzehn: »Ein junger Mann.«

Mit achtzehn, welch eine Verlegenheit, wir leben getrennt…
Doch tapfer und solidarisch bestätigt der Bäcker, wenn wir dort Brötchen kaufen, die Richtigkeit einer einst getroffenen Wahl: »In den Augen der Mutter der Blick des Vaters – ist es nicht ein *miracolo?*«

Schweigen mit Gianni

Er kommt, ohne ein Wort zu sagen, mit gesenktem Kopf auf mich zu, setzt sich auf die niedrige Mauer und schweigt still mit der Miene eines Mannes, der ein Geheimnis hütet, stundenlang.

Die Zeiten mit Gianni gehören der Sonne, der Hitze, den Grillen und Bienen, den Ameisen auf dem Boden und den Schmetterlingen, doch nie dem Wort.

»Nun, Gianni, magst du ein Glas Wein?«

Er nickt, nickt wieder, als ich es bringe, umfaßt das Glas und lächelt, hält es, ohne zu trinken, vielleicht, weil ein leeres Glas Aufbruch bedeuten könnte, ich weiß es nicht.

Vor dem Haus steht sein riesiger Traktor, mit dem er, wie es heißt, verheiratet ist: sein Spitzname ist »trattore«. Früher lief der Motor, wenn er kam, auf vollen Touren, dieses Untier, inzwischen konnte ich ihn dazu bewegen, ihn abzustellen.

Früher habe ich mich auch bemüht, mit ihm zu sprechen, welch Unterfangen! Schönes Wetter heute, Gianni, habe ich gesagt, schau, wie groß die Trauben sind, oder ich habe ihn um Rat gefragt – umsonst.

Gianni saß da und sagte kein Wort, er nickte und lächelte mich an, ein wenig traurig und verlassen, so seltsam unlebendig und stumm.
Heute frage ich nichts und sage nichts, meine Hände lassen die Feder los, ich schließe das Manuskript und übe mich in Gelassenheit. Unsere Art, miteinander zu sein, verbindet mich mit der Erde, dem Himmel, den Steinen, den Wolken und Düften, dem leisen Wind, und dabei scheint es mir, als ob alles intensiver würde, je länger wir die Worte verbannen. Das Schweigen legt meine Empfindungen bloß, meine Aufmerksamkeit ist hellwach.
Giannis abwesendes Gesicht, seine grobe Gestalt sondern nichts als Schweigen ab, die Ruhe muß ich mir selbst suchen. Sein Gesicht kann niemals strahlend und jung ausgesehen haben, doch wenn ich sagte, es sei dumpf und ohne Tiefe, so wäre das nicht wahr. Aber es hat etwas Umwölktes, Wehrloses, Verschrobenes, Unerwecktes, wie von viel zu viel Schlaf, manchmal etwas Unbehagliches, wie einer, der herausmöchte, aber nicht kann, und seine Stirn spiegelt Ratlosigkeit wider.
Gianni hat nie eine Frau gehabt und wird vielleicht nie eine haben, er liebt nur Maschinen.
Von der Mutter gehätschelt, vom Vater unterjocht, der die Rede führt, bis zur Versteinerung, ist Gianni unaufmerksam und sieht weder Pflanze noch Baum, wenn er mit dem Traktor arbeitet: er fährt alles um, die Hand mit dem Steuer verkrampft, als hinge da seine Hoffnung. Diese Einfalt und diese Bescheidenheit, diese Verkümmerung, und das Glück so ganz fern...
Schweigen ist seine Verkleidung gegen das Leiden. Dennoch, wenn wir bei seinen Eltern fernsehen, entwickelt Gianni manchmal etwas wie Engagement, und für seinen unartikulierten Protest ist es unerheblich, ob es um einen korrupten Minister

geht oder um hungernde Somalier: er schreit in einer ungewöhnlichen Art, lauthals und unbestimmt, unbeholfen, aber er protestiert, bis ihn die Mutter beschwichtigend am Arm nimmt und leise in sein Ohr sagt: *zitto!* schweig!
So sitzen wir schweigend, stundenlang. Früher hat mich das erschöpft, heute ist es etwas wie eine Naturerscheinung, wie der Regen oder der Wind, manchmal wie Meditation. Ich kann es ertragen, es tut mir gut.
Unendliche Stunden, die wir in vorzeitlichem Stillschweigen miteinander verbringen, und nie gibt er ein Stückchen seiner Seele preis. Doch wenn er mir einmal zuhörte beim Schweigen, mein stummer Genosse, er würde es hören, wie ich flüstere, daß ich es mag, wie er schweigt, Worte schuldet er mir nicht.

Nomen est omen

Fern unserer phantasielosen Gewohnheit, diensteifrigen Standesbeamten ein Vetorecht bei der Namensgebung einzuräumen, triumphieren in Italien die klangvollsten und außergewöhnlichsten Vornamen und formen so Typen von ausgeprägter Persönlichkeit. Wenn Gandhi, mein Briefträger, im Sommer ausgeht, zieht er gern ein weißes baumwollenes Hemd an, das lose herabfällt, und zusammen mit seinem kahlen, braungebrannten Kopf ergibt dies eine Momentaufnahme seines Vorbildes, dessen friedfertiges Leben seinen Vater bestach. Den wiederum hatte sein Vater Varese genannt, unbekümmert darum, daß dies ein Ortsname ist, denn es war so schön damals in Varese, dem Ort seiner romantischen Hochzeitsreise, und Antonia hatte ihm zugelächelt, wenn sie ihn beim Namen nannte. Warum Marx Marx heißt, weiß jeder, sein Bruder dagegen Minus, wer weiß warum. Marx wiederum hatte nicht Unrecht, linker Tradition folgend, seine Söhne Berlinguer und zuletzt Occhetto zu taufen, gewissermaßen einen von der Vorsehung gewollten Plan befolgend. Dante hingegen, der Barbier und Leiter der Filarmonia Giuseppe Verdi, der an der Divina Commedia vor allem den Dritten Kreis der Hölle schätzt, den Ort der Freßsucht und Völlerei, hat das Metier gewechselt und nannte seinen Sohn Fellini. Der Vater Esimios, meines Nachbarn, des Bauern, den die Mißachtung seines Standes damals empörte, belohnte seinen Sohn mit einer Anrede, die ihn erhöhte: er nannte ihn Esimio, den Hochverehrten. Alterro (»al terro«) neigt sich zur Erde, aus der er kommt, und seine Tochter streckt sich zur Sonne: sie nimmt für sich den Namen Girasole in Anspruch, sich zur Sonne drehend, Sonnenblume. Poesia, ihre Freundin, erprobt ihren Namen an Gedichten von großer Anmut, und eine alte Frau, schon klein und mager wie ein Hühnchen, die jeden Tag vom Dorf zum Friedhof geht und wieder zurück, heißt Pacifica, die Friedliche, und eines Tages wird sie wohl bei ihrem friedlichen Gang sterben.

Marx der Amateur

Marx liebt alles, was der Liebe guttut: feines Essen, besten Wein, Scherze und Lachen, Anspielungen und Zärtlichkeit. Er ist der Ansicht, daß die Liebe die Frau verfeinert, weicher und schöner macht, geschmeidiger und strahlender, und daß sie deshalb reichlich davon bekommen soll. Und weil er, dieser großzügige Amateur, von der Natur aufs beste ausgestattet ist, diese Sublimierung zu bewerkstelligen, spricht nach seiner Meinung wenig dagegen, seine sachkundige Unterstützung anzunehmen.

Mit diesem Selbstverständnis ausgestattet, wendet sich Marx seit 20 Jahren an mich, die ich dort in strenger Zurückgezogenheit lebe, nur der Arbeit hingegeben, häufig allein. In den ersten fünfzehn Jahren entspann sich unser Dialog wie folgt:

»Weißt du, dir fehlt es an nichts, weder an Brot und Wein, noch an Phantasie und *bellezza* – und doch ... kann man das Leben nennen? *Sempre lavorare, sempre sola,* immer allein!«

»Mir fehlt es an nichts, da hast du recht«, entgegne ich und lächle ihn an, »ich bitte dich, verschone mich. Ich bin nicht mehr jung, und ich bin's so zufrieden.«

»Weißt du«, er neigt sich über meinen Schreibtisch und legt seine Hand auf die meine mit der Feder, »dir fehlt die Blüte der Freuden, das Beste vom Besten, die Frucht all deiner Phantasie, das Brot des Lebens, die Liebe…«

Sein reizendes Gesicht spiegelt seine Verzweiflung wider. Ich betrachte seine sanfte Wange, den naiven Mund mit den herrlichen Zähnen, das schwarze schimmernde Haar, die kastanienfarbenen, golden schimmernden Augen. Zweifellos ein hübscher Bursche, schmal und gut gebaut, von offener Wesensart, ein Bauernjunge.

»Unsinn«, sage ich, »ich habe keine Illusionen. Ich bin es zufrieden, wie es ist.«

»Nicht mehr jung! Nie wirst du aufhören, begehrenswert zu sein, eine Frau zu sein, nie!« Sein schönes Auge sucht bekümmert den Himmel nach einem treffenden Ausdruck ab.

»Mag ja sein, daß du glaubst, dir fehle es an nichts, aber ich sehe, was ich sehe, mir machst du nichts weis. So wie du lebst, bist du nichts als ein Entwurf.«

»Nur eine Frau, die Liebe macht, ist komplett?« Ich zucke die Achseln und wende mich wieder meiner Arbeit zu.

Das letzte Gespräch dieser Art ist fünf Jahre her. Jahrelang hatte ich meine Argumente wiederholt, mit nie ermüdender Überzeugungskraft, an dieses Spiel längst gewöhnt. Doch diesmal schienen mir meine Worte leer und schal, ich fühlte mich matt und allein. Eine Zeit der Trennung lag hinter mir, und mein Liebster hatte sich noch nicht am Horizont gezeigt – ich wußte nicht einmal, daß es ihn je geben würde.

»Du bist traurig… Ein wenig *tristezza* ist schön

und gut für die Liebe, aber noch schöner eine Frau, wenn sie heiter ist…«
»Ach«, sage ich, »was mir fehlt, das finde ich nicht durch Suchen.«
»Aber du brauchst nicht zu suchen«, sagt er voll Unbefangenheit, »nimm mich.«
Da erhebt sich plötzlich in mir, stark und beharrlich wie eine Blume im Asphalt, ein kühnes Gefühl, und ich sinke in seine Arme.
Unter dem Schock dieser Realität gerät er in fassungslose Erstarrung, seine Wangen sind blutrot, sein Herz klopft wie wild, sein Mund ist stumm, wie geschwollen.
Dann stößt er einen kleinen Schrei aus, weicht fast vor mir zurück, bäumt sich auf, so auf Gedeih und Verderb mit mir verbunden.
Er faßt sich, den Strom verworrener Empfindungen ordnend. Seine Angst scheint unter meiner weichen Hingabe zu schwinden, vielleicht, vielleicht auch nicht… Denn ich führe ihn ein wenig hinters Licht und verberge, was hinter meiner Stirne steht: eine leise Angst vor Enttäuschung, Langeweile… Wie liebenswürdig war er doch, als er noch warb, schon scheint er es weniger.
Aber ich bleibe gefügig, dahintreibend, und alles wird ruhig und schön.
Später blickt er mich mit einer Art gekränkten Scharfsinns an und sagt: »Fünfzehn Jahre! Willst du mir immer noch weismachen, daß deutsche Frauen freizügiger sind?«

Tanzende Kinder

Kinder zu sehen, wie sie tanzen und sich wiegen, ist für mich eine mit nichts vergleichbare Seligkeit. Da ist das kleine Mädchen, die Schleife im Haar, im gestärkten weißen Spitzenkleid. Sie tanzt wie eine erwachsene Braut, in der Hand den kleinen durchbrochenen Beutel, die winzigen Hüften wiegend, mit rotlackierten Fingernägeln, Kreolen an den Ohren, gleichmütigem Gesicht und hochgestecktem Haar, an einen Fernsehstar erinnernd, und doch anders. Denn ihre Gesten sind noch nirgendwohin gerichtet, schon gar nicht an einen Mann: sie imitiert, ohne zu wissen, was, und ihre Bewegungen füllen noch die Welt. Da sind die Kleineren, mit noch runden Bäuchen, die mit den Ärmchen und Beinchen fuchteln und stampfen, voll kindlichem Durchsetzungswillen und Naivität, und selbst das winzigste, dem Steckkissen gerade entwachsen, demonstriert einen Tanzstil, der vor parodistischer Übertreibung nur so strotzt, und doch voll eigener Kraft.

Daneben eins mit Windelpopo, das sich aufrichtet, gerade imstande, sich mit den Beinen vom Boden abzustoßen, und schon fällt es wieder, doch auch im Liegen klatscht es noch in die Hände. Ein anderes, noch auf dem Schoß der Mutter, Daumen im Mund, schaukelt mit funkelnden Augen im Takt der Musik – fast neugeboren, und schon patscht es die Hände zusammen, in intuitiver Teilnahme an der Musik. Ein winziges im Körbchen, die Füßchen angezogen, die Händchen geballt, embryonal gekrümmt. Heute hat es zum ersten Mal die Fäustchen gereckt – wie die Mutter glaubwürdig beteuert: im Takt. Ein anderes wieder macht, am Boden robbend, sein erstes Kriechexperiment, und ein weiteres will den Rummel nicht, es schreit, ist empört, schüttelt den Kopf, von Auflehnung getrieben.

Kein einziges, über das jenes deutsche Ausschlußverfahren verhängt ist, das heißt: Daskindbrauchtseinenschlaf. Italienische Mütter wollen weiter spüren, daß das Kind da ist, und wollen sich messen an seiner Willenskraft, anstatt sie einzudämmen. So lernt das Kleine, zu entdecken und wahrzunehmen: Es ist nicht nur da, sondern es wächst und wird.

Stöhnend und weinend vor Anstrengung robbt das Kleinste im weißen Strampelanzug auf die Tanzfläche zu, von der Grenzlinie zu den Erwachsenen angezogen und von der Sehnsucht getrieben dabeizusein, und ehrfurchtsvoll machen die Tanzenden Platz. Endlich angekommen in den neuen Gefilden, ächzt das Kindchen und lächelt, begleitet von allgemeinem Strahlen und Applaus.

DAS MEER

Am Meer scheiden sich die Geister. Es ist wunderschön, doch für jeden anders. Die Dichter geben von diesem blauen Auge, an dem man bei Sturm das Weiße sieht, schwärmerische Schilderungen. Manche heben das Weiße hervor, manche das Blaue, und andere überbieten sich in Widersprüchlichkeiten über die Farbe, behaupten, sie sei grau, braun, golden, türkis, grün, bis hin zu tiefem Schwarz, darüber sind hunderterlei verschiedene Angaben gemacht worden.

Für den schwerfälligen Bauern ist das Meer nicht zwingend. Zwar versteht er sehr wohl, was es von einem will, aber er schüttelt den Kopf: ein ausdrückliches Nein. Besser, er meidet es wie die Pest und bleibt am Leben.

Diese Art ist dem Städter fremd. Für ihn ist das Meer ein Muß, da bekommt er, was er braucht, pulsierendes Leben, Sonne, Wind und Luft, eine aromatische Flüssigkeit, die ihn erfrischt und reinigt, ein dunkles Gemurmel im Fleisch, die blaue Mauer der Unendlichkeit. Junge Männer, Goldkettchen um den Hals, verharren stundenlang in Schwärmen im kochenden Sand vor glattpolierten Brüsten wie edelstes Holz, die ausdruckslosen Gesichter zur Sonne erhoben. Die jungen Paare schmiegen sich aneinander, mit Zunge und Gliedern gleichsam verwachsen, vor unablässig kreisender Lust wie entrückt, Mütter pressen ihre kleinen Jungen ans Herz und Väter die halbreifen Töchter.

Das Meer ist unvergleichlich, und für jeden anders. Für die einen zeigt es fletschend die Zähne, für die anderen ist es mütterlich mild. Es ist schwer, und es ist süß und leicht. Es schrumpft, es schwillt. Es verdunstet, es verweilt. Es spricht, es schweigt. Es ist unzugänglich, es ist für jeden. Es tanzt, es zieht hinab ins Grab. Es spuckt aus, es raubt; es ist trügerisch, es ist wahr. Ist ewiger Freund und elender Feind. Es ist das Leben, es ist der Tod.

Deshalb dieser Lärm von klimpernden Münzen, Rasseln, klatschenden Bällen, Gläsern, Tellern, Besteck und metallischer Musik. Wir kommen, um das Leben zu suchen, und wir bannen den Tod. Wir singen, spielen und trinken, wir tanzen, und zwischen zwei Tänzen seufzt klagend das Meer. Kinder werden gezeugt vor ersterbenden Wellen, Menschen geboren, andere versinken im Wasser und werden hinweggespült, an einen anderen Ort.

Das Meer macht unsere Körper klein, unsere Ohren taub mit seinem Getose und Gewirbel, und unsere Augen halten den Glanz nicht aus, ein scheußlich grelles Licht.

Das Meer macht unsere Körper braun und indianerrot, es brennt unsere Haut. Es berauscht unsere Köpfe wie Minzlikör, und unsere salzgetränkte Haut riecht nach Fisch. Es macht uns schwach, gereizt und überdrüssig, daß wir weinen, und es macht uns stark und überschüssig in unserer Kraft. Es macht frösteln, und es macht uns warm, es heilt und macht Wunden. Es gibt uns Fisch, Müll und Unrat. Von

den Schiffen entwendet es Öle und Gifte, die wir anderen Völkern zudenken, und befördert sie tückisch an unsere Strände zurück.
Das Meer ist störrisch und nachtragend, und eines Tages wird sein Wasser verdunsten und sein Sand uns überrollen. Sein Schwinden wird erneut die Dichter auf den Plan rufen, und sie werden schreien, bis sie nur noch eine Legende besingen. Gewiß, es hat das Meer gegeben, ihre Werke bezeugen es, und darum seien einst Schlachten entbrannt. Aber wer weiß, werden wir uns eines Tages fragen, vielleicht haben es die Dichter doch nur erfunden?

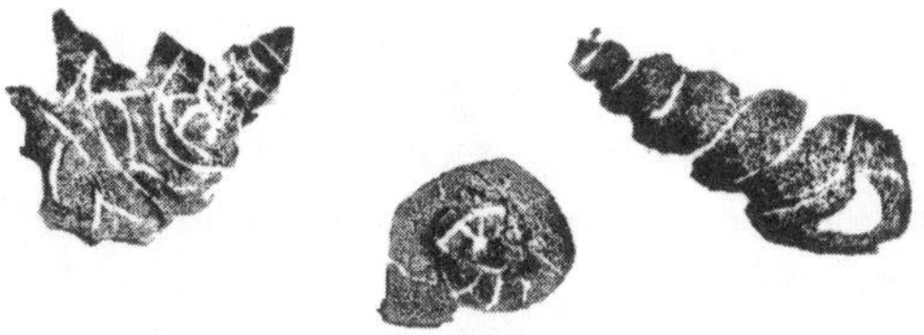

DIE GEKAUFTE FRAU

Zermürbt von den Vorhaltungen seiner Mutter, die dringend nach Enkelkindern verlangt, hat sich Mercurio, der Schmied, eine Frau gekauft. Keine teure, sondern eine einfache Ausgabe, klein, mit schriller Stimme und fettigem Haar, willfährig, wie es schien, aus Kalabrien, wo sie billiger sind. Da der Preis von Anfang an eine unumstößliche Größe war, gestaltete sich der Handel mit dem Makler unkompliziert. Mercurio erhielt ein knappes Zertifikat, und der Honigmond konnte beginnen.

Zunächst gab sie sich zärtlich und liebevoll und machte sie sich für ihn auf. Sie lernte unter dem Regiment seiner Mutter seine Leibgerichte zuzubereiten und hielt das Haus sauber. Doch nach drei Monaten schloß sie ihre Pforten und wandte ihm den Rücken zu. Gelassen übergab sie der Schwiegermutter ihre Bettwäsche, um sie mit dem Monogramm zu besticken, besorgte ihr einen neuen Besen und hieß sie fegen, überließ ihr das Kochen.

Träge verbrachte sie die Tage auf der Couch, thronend gab sie Befehle, ungerührt von der Aufregung

um sich herum, knabberte sie feinste Dolci und hüllte sich in Spitzenwäsche, überwachte Mercurios Aufträge und hortete das Geld.
Dem Unterlegenen machte das schwer zu schaffen, es beschädigte seinen Ruf. Schon gab man ihm Spitznamen und zeigte mit dem Finger auf ihn, und die Frauen lachten sich ins Fäustchen. Mercurio wurde immer melancholischer und verschlossener, sein Geisteszustand galt als verwirrt. In seiner Verzweiflung holte er das Zertifikat, um es anzufechten, und las: »Vom Umtausch ausgeschlossen.«

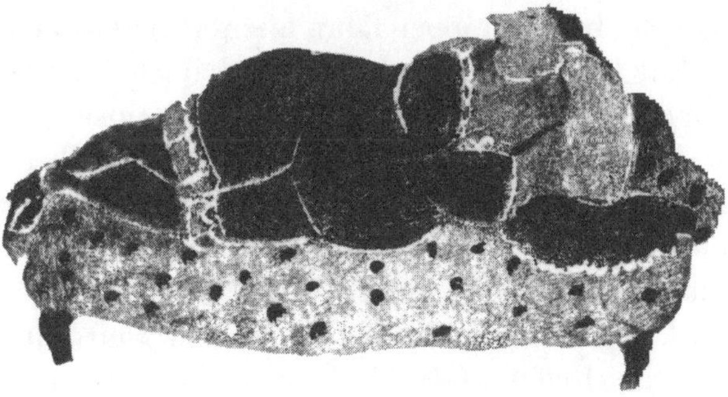

FABRIZINA

Unsere Liebesgeschichte begann vor 16 Jahren. Ferragosto. Feuerwerk, Eselsrennen, Essen an einer Riesentafel auf dem Platz im Dorf zu den Klängen der Filarmonia Giuseppe Verdi. Ein Mädchen kommt auf mich zu. Brombeeraugen, schlangenhafte Bewegungen, rauchend, erregt, angespannt, immer in Bewegung. Steht vor mir, verneigt sich spöttisch, fordert mich auf. Offenes Lächeln, volles dunkles Lachen, sinnlich, doch nie lasziv. Sinnlichkeit in der Stimme und eine gewisse Melancholie im Blick, gepaart mit Lebenslust. Große Augen, lange Wimpern, lange Nase, schöner Mund, eine Zunge, die immer wieder blitzschnell über die Lippen fährt. Energie in den Gliedmaßen, im Rückgrat, zierlich und doch kraftvoll, braune Haut. Eigentlich ist sie winzig, einsfünfzig, und doch wirkt sie handfest, immer präsent. Lässiges und gepflegtes Haar, blauschwarz, roter Nagellack, schmale Hüften, schöne Schuhe, schwarz natürlich, und ein enges Kleid mit über dem Rücken gekreuzten Bändern, an den kleinen Ohren goldene Reifen. Geschlechtsbewußt, doch nicht

narzißtisch. Ab und zu wirft sie das Haar nach hinten wie einen Spitzenschleier.
Tango mit Fabrizina. Wie selbstverständlich übernimmt sie die Männerrolle, die Winzige, biegt und wendet mich, neigt mich ihr zu, schiebt mich fort, nur schwer gelingt es mir, mich der Führung ihrer kleinen Arme und Füße zu unterwerfen, ich fühle mich wie ein Trampel. Ihre rauhe Stimme gurrt, aus ihrem Mund kommt Unbeschwertes, Klatsch. Manchmal überzieht ihr Gesicht Langeweile, tristezza. Etwas Tierhaftes wechselt mit einem Ausdruck, ganz auf den Mann bezogen.
Sie ist unsentimental und bedingungslos modern, absolut modisch wie keine bei uns. In ihren Bewegungen scheint sie immer unterwegs. Sie hat etwas Aufrührerisches, fast Terroristisches, das mir immer wieder an der jungen Italienerin gefällt. Etwas unbedingt Handelndes, ob es nun um Kochen, um Sex oder Politik geht. Sie ist sexy und zeigt das auch mir gegenüber, doch nie zweideutig, und sie weigert sich aufzunehmen, was ihr zu kompliziert erscheint: ein Loch im Himmel? Unsinn, Quatsch! Lachend blickt sie zum makellosen Sternenhimmel und läßt das gesprayte Haar durch die Finger gleiten.
Sie ist Realistin, zu einem gewissen Grad auch phantasielos, voll Komik, ein weiblicher Kobold, ein intelligentes Naturmädchen, eine hungrige kleine Prinzessin. Woher ich diese wunderschönen Ohrringe habe? Konsumgierig. Alles, was funkelt, zieht sie an. Sie versteckt nichts, wozu? Alles drängt nach außen und will gesehen werden. Ich mag das, dieses Nichtverbergen, es zieht mich an, diese Offenheit überwältigt mich.
Atemlos setzen wir uns an den Tisch. Da sitzt ihre Mutter. Üppig, schwer, eine strotzende Meerfrau, Typ Wahrsagerin und Handleserin, eine Matrone. Sie nimmt mich in den Arm und küßt mich ab, eine

satte breite Königin, voll von Säften und schwellend im Fleisch, um sie weht ein ferner Gesang. Sie sitzt da. Sitzt nur da. Als Mann hätte ich vor dieser Art des Sitzens Angst, wüßte, daß sie ihren Platz nie mehr verläßt.

So schwer die Trennung von einer solchen Mutter auch ist, die junge Italienerin schafft, was der italienische Mann nicht fertigbringt und was ihre Mutter nie in Betracht gezogen hätte. Sie wird ihren Freund nicht heiraten, weil sie nicht neben ihm herleben will, wie es in diesem Land üblich ist, wo Ehe gleichbedeutend ist mit getrenntem Leben. Wo die Frau mit anderen Frauen kocht, wäscht und klatscht. Sie wird sie selbst sein und weiterhin morgens um fünf ihren mit Gemüse beladenen Lastwagen vom Markt ins Dörfchen steuern, um es dort zu verkaufen. Sie wird es hinauszögern, ein Kind zu haben, wenn überhaupt. Mit einer gewissen Härte wird sie ihr eigenes Leben durchsetzen und sich kleine Freiheiten erobern, mehr ist nicht drin, denn Fabrizina lebt auf dem Dorf.

Anderntags bin ich bei ihr in ihrer eigenen Wohnung, die sie gerade einrichtet, und ich bewundere dieses Flatterding mit dem kurzen Röckchen, wie sie malt und streicht und die Fliesen scheuert und einreibt, sie macht alles allein. Es wird eine ganz moderne Wohnung, superchic, mit Postern an den Wänden, Heizung und einem Futon, einem weißen Fell auf dem Boden. Den Nippes von zu Hause, den ihr die Mamma mitgab, hat sie mit ihren spitzen Ellbogen zur Seite gestoßen. Sie hat ihn zusammengekehrt, das Ganze in den Abfalleimer geschaufelt und kippte diesen Nippes über die Mauer.

Virginias Katzen

Virginias Katzen sind absolut untoskanisch, denn diese gelassene ironische Sicherheit können sie sich nicht leisten. Sie sind gierig und bis zu den pelzigen Ohren angefüllt mit Bedürfnissen, sie sind vertraulich und pfeifen auf Würde.

Jahr um Jahr bringt Virginia neue Florentiner Katzen an, rosig und frischgeboren. Eine einzigartige Zeit, die sie im Körbchen verbringen, mit Milchfläschchen geatzt und sahnigem Brot: kleine Fürsten. Sie werden täglich gebürstet, gewaschen, gekämmt und mit Zärtlichkeiten überschwemmt, wollige Wölkchen, deren Flaum bei jedem tapsigen Schrittchen im Wind wogt, mit aufgeplusterten Reiterhosen. Sie geruhen, bei Virginia zu bleiben, und lassen sich nicht bewegen, auf meinen Schoß zu springen, wenn ich nahe.

Wären es Menschen, ich müßte es ihnen nachtragen, wenn sie später zu mir kommen, flehend, ausgewachsen, verwildert, verroht, unterwürfig, denn Virginia liebt nur die einzigartige Rasse des Niedlichen, und sobald sie pubertäre Anwandlungen zeigen,

Eigenwillen, Persönlichkeit, Sex, werden sie, wie einst ihr Sohn, von ihrem Schoßplatz verstoßen, durch neue keckernde Winzlinge ersetzt.
Sie kommen zu mir, von heut auf morgen auf Broterwerb verwiesen und auf Mäusejagd, doch sie wissen nicht wie, ohne eigenes Heim, unlustig, mit Zecken in den Ohren, verhungert, verstimmt, mit grimmenden Eingeweiden. Der eine, ein Kater, im graugestreiften Einreiher und weißer Krawatte, die Pfoten von samtenem Rosa, ein Halbangora, beige, struppig, zerzaust, und das klägliche wimmernde Weißnäschen mit verfärbtem, brandgeschwärztem weißen Fell, das sich am Kamin verbrannte, heulend, mit Mundgeruch. Jeden Tag zur Essensstunde bevölkern sie meine Terrasse, springen zwischen meine Beine, daß das Tablett in meinen Händen ins Schleudern kommt, hüpfen auf meinen Schoß, essen von meinem Teller, erklimmen den Tisch und fahren mit ihren Pfoten in den Sugo. Sie geruhen, Interesse für Florians Steak zu zeigen, und fischen es mit ihren Pfoten von seinem Teller, machen es wild einander streitig, kreischen, schubsen und drängeln, während die kleine Weiße bei mir bleibt, mir Intrigantes über die beiden ins Ohr flüstert, der Schlaumeier, mit hinterhältigem Lächeln.
Anfangs litt ich mit ihnen und päppelte sie fein, von Mitgefühl übermannt, denn ich liebe ja Katzen. Doch diese bösen Kinder trieben ihr Spiel weiter, weinten und flehten mit pathetischen Gesten, und wenn ich sie vom Tisch warf, sprangen sie wieder hinauf, sie erklommen die Pergola und hüpften nachts, wenn ich träumte, mit einem Salto auf meinen Bauch. Vor Mäusen machten sie einen Bogen, dafür wilderten sie in der Küche, spazierten auf dem Herd, lüpften die Topfdeckel und griffen in die Töpfe. Die Mülltüte, längst an einem Haken plaziert, erklärten sie zum Korbball und sprangen sie an, zer-

rissen sie mit ihren Pfoten, daß sich der Abfall auf dem Boden ergoß, um sich daran zu laben.
Das Barsche, das ich dazu zu sagen hatte, erboste sie, sie fauchten und gaben mir Kratzer, und schon die kleinste Rüge forderte sie zum Angriffsschritt des Kampfstiers heraus: schräg, mit gesträubtem Rückenfell, hielten sie funkelnden Auges auf mich zu.
Schließlich griff ich zu Wasser: stets eine volle Gießkanne bereit, überströmte ich sie mit dem verhaßten Naß, was sie zu schmerzvollem Wutgeheul veranlaßte, kläglichem Wimmern, je nach Charakter, mit Verachtung gepaart. Das ging so weit, daß sie mir nachts meine Sünden vorhielten: die beiden Männer standen unten vor meinem Fenster und jaulten ihre Schmähworte hinauf, während die Weiße, die Ratte, längst mit Florian einen Pakt geschlossen hatte und heimlich bei ihm schlief.
Beinahe hätten sie mich weichgeklopft, diese Bastarde, denn ich konnte nicht mehr. Schon rückte ich nachts beiseite, wenn der Einreiher kam, mit besitzergreifendem Schnurren: er erinnerte mich an den dreijährigen Sohn, wie er gekommen war, Nacht für Nacht. Doch sobald ich mich umwandte, endete die Katzengeduld: kurz und nervös erhielt ich mit der Pfote einen kratzenden Verweis. Liebenswürdig, aber entschlossen, verweigerte ich ihnen drei Tage lang ihre Nahrung, zermürbt vom Geheul. Schließlich fing ich sie listig ein und brachte sie auf einen entfernten Hof, heimlich im Dunkel, setzte sie aus und fuhr rasch davon (auf dem rechten Arm sieht man immer noch den tiefsten der Kratzer). Es kostete mich beinahe die Liebe meines Sohnes…
Doch am nächsten Abend waren sie wieder da, abgerissener denn je, hungriger denn je, heulend und zähneklappernd.

Dennoch hatte meine Willkür eine gewisse vorwurfsvolle Distanz zur Folge, argwöhnisch blickten sie mich an, bereit, zu fauchen und zu zischen: ich wappnete mich mit Gleichgültigkeit.
Kurz darauf waren sie verschwunden. Der Halbangora warf sich einem Düsseldorfer Anwalt an den Hals, der Einreiher verließ das Auto eines reichen Unternehmers nicht mehr und schmuggelte sich nach München, lebt dort in Saus und Braus. Die Weiße aber, die Dumme, wollte die Müdigkeit des morgendlichen Jägers nutzen und pirschte sich an. Er hielt sie für einen Fuchs und gab ihr zwei Schüsse.

Lago Accesa

Kein See wie jeder andere, sondern ein tiefes gold-blaues Auge mit Wimpern aus Schilf, rosaweißfarbenem Sand, der ihn umgibt, mit winzigen Muscheln, gedreht wie Rosenknospen und einem überquellenden Reichtum an silbrigen Fischen, die ihren Laichplatz verteidigen und unerschrocken in die Waden der Badenden beißen. Er reicht bis zum Saum des Hügelgürtels mit seinem duftenden Eukalyptuswald, in dem die Überreste einer etruskischen Hochofenanlage zu sehen sind.

Sobald ich dieses gleißende Medaillon erblicke, ergießt sich schon das besänftigende Naß in Strömen in mein Herz, und ich stürze gleich darauf kopfüber hinein, aufgenommen von dieser kühlen Milde, die alles enthält, was ich an diesem Augusttag brauche. Von allen Makeln der sengenden Hitze befreit, ruhe ich frisch und poliert an der Brust meines Liebsten und halte Ausschau nach einem rosafarbenen Fisch.

Wilde Brombeeren

Mit ihrer vollen Gegenwart, von Dornen, Drüsenborsten und einer Unzahl geteilter Blätter nur so strotzend, erfüllt die Brombeere das ganze Land mit ihrer parasitenhaften Stachelhaftigkeit: sie nimmt so viel Raum ein, daß sie alles zu ersticken droht. Tödlich umschlingt sie die Bäume, die Rosen, den Wein und fällt gar in Häuser ein, Ruinen sind ohnedies längst in ihrem Besitz.

Seit zwanzig Jahren, der Dauer unseres Zusammenseins, habe ich keine Zeit, mir viel Gedanken über sie zu machen, vollauf mit ihrer Eindämmung beschäftigt – dazu noch der Ginster: jeder Versuch der Reduktion steigert nur noch die Rankühne dieser grausamen Ranke …

Man entferne nur das kleinste Zweiglein an dieser formenreichen Staude, schon wächst es tausendfach nach, man beschneide sie mit Sicheln, kupiere sie mit Motorsägen, grabe die Erde mit der Ruspa um und bearbeite sie mit Traktoren, brenne sie ab – sie dankt es uns mit frischestem Erscheinen: Tausende von Ranken, blitzblank wie poliert, anfangs

von tiefverwurzelter Unschuld und verschlagenseidenweich, kurz darauf von brutalem, zähestem Riesenwuchs. Und diese Dehnbarkeit, diese elastische List, diese niederen bösartigen Überfälle, diese tückische Mordlust! Dieser Drang, sich überall an die Flanken der Natur zu pressen und allem die Luft zu nehmen! Diese schamlose Lust, einzufangen, dieses liebestolle Umschlingen, als bettle sie um Zärtlichkeit, diese perverse Fruchtbarkeit!
Einmal – ich trug ihre geraubten Früchte im Korb, saftig-riesige, süßlich-schwere Massen – überfiel mich die Brombeere, ohne lange zu fragen, stellte mir ein Bein, peitschte mich und legte mich flach, besaß mich mit strafenden Ranken...
Ich breche hier ab, weil ich nicht in die Rolle der Lobhudlerin geraten will, um ihre Sammelfrüchte zu preisen, diese winzigen Steinfrüchte auf kleinstem Blütenboden, die sich zu einem artigen Vogelnest zusammenfinden, diese zuckersüße Unverschämtheit, mit der sie uns am Ende einfangen will, damit wir ihre Athletenarme vergessen...

Nur noch ein Wort, denn ich muß Sie warnen. In einem einzelnen Hof in der Nähe, der Name tut nichts zur Sache, lebte eine Schweizerin, die ihr Leben damit zubrachte, Brombeeren auszumerzen. Über Jahre hinweg nahm sie die Verfolgung ihres Erzfeindes auf: die letzte Brombeerhecke mit der Pinzette aus der Erde zu ziehen, hatte sie sich geschworen.
Sie ist darüber wahnsinnig geworden und stürzte in ein Brombeergrab, von Hecken unüberwindlich umschlossen.

Passeggiata

Jeden Nachmittag um fünf beginnt, unausweichlich wie Ebbe und Flut, auf der Piazza der Reigen der Passeggiata, eine Einrichtung des Mediterran, die Bewegung verschafft, ein Schwätzchen, einen Kaffee oder ein Eis. Ein tiefverwurzelter Antrieb zum Kreisen im Uhrzeigersinn, ein wenig Gymnastik nach der Tiefe des Siestaschlafs, der uns so lebensfern entläßt, und ein kleiner Kitzel: Neues wird erfahren, ein wenig Klatsch, ein wenig Konsum, ein neues Kleid ausgeführt, eine neue Braut.

Ciao, Ezio, ist Lydia immer noch krank?

Adamo, wo warst du gestern? Ich habe dich vermißt.

Mira, wie geht's deiner Mutter?

Lalla, laß die Aufgaben, komm mit!

Mamma! (Der Kopf der Mutter am Fenster) Komm!

Ich kann nicht, mein Kind, mein Bein…

Mamma! Ich komm' rauf und stütze dich, ja?

Dieser Drang, zusammenzukommen, wenigstens für eine Stunde am Tag, dieser Wunsch nach Berührung, Gespräch und Kontakt! Diese Sehnsucht, zu sehen und gesehen zu werden, dieser Antrieb, sich auszutauschen, sich einander zu versichern, voneinander zu überzeugen! Eine Veranstaltung von vielfachem Sinn und ein Ritual gegen die Isolation.

Ein üppiges Schauspiel südlichen Kleinstadtlebens (in der Großstadt verliert sich der Sinn). Mit Verblüffung stelle ich fest, daß ich, Abkömmling eines Landes, in dem man sich besser aus dem Wege geht, sie darum beneide.

Der Herr des Marktes

Jeden Donnerstag fährt Esimio nach Grosseto auf den Markt, dem wichtigsten Ort in der Stadt, und ab und zu begleite ich ihn zu seinem Handels- und Umschlagplatz, überwältigt von den Händlerinnen, die da wie Gottheiten thronen und uns zwischen ihren Kürbis- und Traubenmassen zu ersticken drohen. Die Augen gehen mir über angesichts des blendenden Reichtums und der Vielfalt der Waren, der Trauben vom zartesten Rosa und Tiefgelb bis hin zum Schwarzviolett, der schweren roten Kirschen, der schlangenförmigen und kugelrunden Auberginen, lila bis schwarz, der aufgeschnittenen fleischigen Melonen, der Riesenpfirsiche mit pelziger Schale, dem Wall leuchtendroter Tomaten, dieser Sänfte voll samtigem glänzenden Obst wie Lackmalerei. Ich bewundere die Eleganz, mit der die selbst in ihren Buden hoch thronenden Metzger die Truthähne auf Marmorplatten tranchieren, Wangen und Hände von hormongesteuertem Rosa, mit frischer weißer Schürze, auf der nur ein paar Blutspritzer zu sehen sind wie ein Ornament, umgeben vom metallischen Glanz der verschlungenen Gedärme und Innereien, von gehacktem glänzenden Eis. Das Geflügel in vollem Ornat, in Prunkgewändern, leuchtendbunt, an Schnüren aufgereiht wie Marionetten, diese Galerie der Wurstwaren, präsentiert wie Juwelen. Sie wiegen und schneiden den Schinken mit tänzelnder Eleganz ihrer Messer, und die dickbusige schöne Frau daneben gruppiert ihre Dolci, glasiert, überzuckert, kandiert, und lächelt, wohl wissend, daß ihre süße Fülle für die Qualität ihrer Ware bürgt.

Hier die korallenbeschichteten Schalentiere, die Tintenfische mit dem traumhaft hellen Fleisch, die Oberfläche vom hingewischten Dunkel umwölkt, von Gemüsearrangements umschlossen. Es wimmelt von gläsernen Fischkörperchen, jedes einzelne in Regenbogenfarben glänzend wie erlesener Schmuck, stachligen Seeigeln, appetitlichen Dentici, umgeben von weißen und violetten Zwiebeln, Zitronen, Melisse und duftendem Thymian. Das alles hat die ästhetische Stimmigkeit von Tuschzeichnungen, im raffinierten Zusammenspiel von Schatten und Licht, und die gesprenkelten Körper der Meerestiere wirken wie Brokat, mit eingewebten Gold- und Silberfäden, fast feierlich. Eine Bühne, deren Bretter rauhe Burschen betreten haben, die die Litanei der Fischnamen herunterbeten, fast singend, mit gebrochenen, ordinären Stimmen wie Celentano, den Florian früher immer für erkältet hielt – eine Bühne des Fressens.

Dazwischen die Frauen mit ihren Körben und Taschen, was für eine Truppe! Junge und Schlanke und Mammas mit feilschender Gier in den Augen – unbestechlich gegenüber den anpreisenden Reden der Verkäufer, ständig auf der Suche nach dem Besten: nichts ist zu schön, als daß ihm nicht im Bauch zu landen bestimmt ist. – Und alle kaufen und knabbern sie, diese malmt Nüsse, jene hat einen Selleriestengel zwischen den Zähnen, dieandere beißt in ein Brötchen. Am Ende lande ich stets bei den Blumen, wahren Sarkophagen, umgeben von Schaumkronen schimmernder Gräser und Farnen wie Spitzenwerk, Teppiche von Iris, Hyazinthen, Lilien und purpurnen Rosen, eingerahmt vom Stramin des Schleierkrauts. Hibiskus, dunkelrote Nelken, unbarmherzig mit ihrem öligen Duft. Rosen in morbiden Fleischfarben, Rosen weiß und fast schwarz in unübersehbaren Blütenbergen, kraftvolle kleine Blumenkissen in Weiß, Lila, Rosé, Löwenmäulchen aus Samt, die hübschen Bartnelken, garofani di poete; Hortensien, breit wie riesige Frauenbrüste.

Nach zwei Stunden beginne ich zu ermüden, vom Anblick übersatt. Das Ultramarin des Himmels ist vor Hitze fast weiß geworden, der Boden ist heiß, der Stadtbesuch mit seiner Unausweichlichkeit an Kleidung und Schuhwerk, den Abgasen, dem Lärm, den Menschen, hinterläßt mich wie betäubt, und ich schwanke fast trunken.

Gewiß, das Freßfest geht weiter, aber ich kann meine Übersättigung kaum mehr verbergen; mit gefülltem Korb kehre ich ihm den Rücken zu und betrete die Männerwelt.

Da stehen sie, vor dem Caffè, am Ende des alten Platzes, wie Seher unter den Blinden, monochrom in Grau und Schwarz, unauffällige Augen- und Ohrenzeugen dieser orientalischen Pracht, im Zustand wachsamer Schläfrigkeit, sich selbst genug und ihren Geschäften, düster und gedankenverloren, von geheimnisvollen Aktionen gefangen. Die Tauschgeschäfte verliefen zufriedenstellend, man sieht es ihnen an. Ab und zu schwatzen sie noch ein wenig darüber, im Mundwinkel die Zigarette, längst erkaltet, den Hut in den Nacken geschoben, und blicken den Frauen nach.

Von all diesen Männern erscheint mir Esimio, der Alte, als der geheimnisvollste. Nie hat er Geld, immer fährt er herum und schleicht durch den Markt, mit funkelnden Augen, beunruhigend listig und fix. Zwischen Bahnhof und Markt scheint er jeden Mann zu kennen. Er spricht informiert über Preise und Qualität, über Schafe, Oliven, Wein, Weizen und Land, den Stock, dessen er sonst nie bedarf, in der Hand. Fern der allgemeinen Aufregung, ist kaum eine Regung von Interesse in seinen Zügen wahrzunehmen, und doch entgeht ihm kein Wort.
Dann sitzen wir in der Ape, Esimio mit starrem Kopf und hochmütigem Gesicht, er kramt in seiner Jackentasche, holt ein Zettelchen und einen Bleistift hervor und macht sich Notizen. Und wenn wir die Woche darauf wieder nach Grosseto fahren, blöken auf der kleinen Ladefläche zwei Schafe.

Die Bande

Wie das in Italien so üblich ist, hat jedes Dorf seine Bande, also auch hier: sechs Jungen zwischen dreizehn und fünfundzwanzig, einer davon, Lauro, der Anführer. Ihre Streiche und Gaunereien muntern sie ein wenig auf, weil sie von dem tristen Gefühl ablenken, überflüssig zu sein.

Eigentlich ganz normale junge Männer. Doch wenn irgend etwas ihre Bosheit weckt, werden sie erfinderisch und greifen an, heimlich, tückisch und still.

Da ist Giuglio, kastanienbraun und breitschultrig, von seiner ledigen Mutter stets ordentlich gekleidet, mit kleiner Brille und Sommersprossen: so etwas wie der Finanzexperte der Bande, ansonsten arbeitslos. Da ist Paolo, ein kalter, verschlagener Typ, sie sagen, er war immer schon so: er heckt die Ideen aus, mit viel Phantasie. Da sind die Zwillinge Pippo und Beppe, dünn und lang, mit riesigen Adamsäpfeln – der Vater, heißt es, schlägt sie noch heute. Und da ist Michele, breit und dick, mit wabbligem Kinn und Hängepopo, so etwas wie das quengelnde Kind der Gruppe, hinterhältig und gemein.

Lauro, der Anführer, hat nichts Ungewöhnliches an sich, ist eher ein Allerweltstyp, blaß und unauffällig, mit einem ziemlich elenden Leben: herumgestoßenes Waisenkind, kampfgewohnt. Ein scharfer Beobachter; imstande, in schwierigen Situationen blitzschnelle Entscheidungen zu treffen.

Die Bande hat einiges auf dem Kerbholz, Autodiebstähle, Einbrüche, Sachbeschädigungen, sie sollen gemeinsam ein Mädchen vergewaltigt und gequält haben, doch Rosanna, den Hals voll Würgespuren, sagte nicht aus. Manchmal beschädigen sie nur aus Übermut die Autos der Fremden. Schon heißt es, Lauro habe Kontakt zur Mafia, und mancher müsse seinen Tribut bezahlen, um ungeschoren zu bleiben, doch festgenommen hat man ihn nie, denn Lauro ist befreundet mit dem Polizisten.

Daß Lauro eigentlich anderes will, sieht man ihm an: in seinen Zügen lese ich die Gewißheit, daß es sich nur um winzige Siege handelt innerhalb eines Kampfes, der ein für allemal verloren ist.

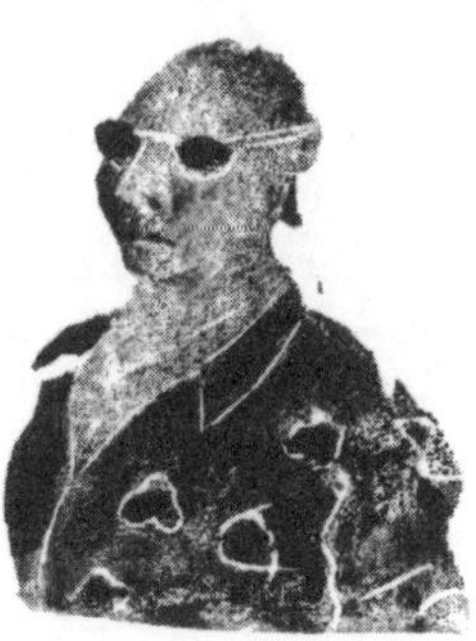

Die Ziege

Die Luft war schwer, die Sonne quälend und scharf, ich saß an den »Dschungelträumen« und kaute gedankenleer an meiner Feder, da fiel mein Auge auf die Weinberge nebenan. Durch das Gitterwerk dichter Trauben und Weinlaub hindurch sah ich Umberto, den Schäfer, helleuchtend daneben seine Ziege, weiß wie gekalkt. Sah die weißen Steine, die Scheune, die Schafe.

Manchmal weiß man gar nicht, ob man es wirklich gesehen hat, doch als ich zum zweiten Mal hinblickte, fing ich das Bild. Der Hintern des Schäfers glänzte weiß und nackt, er trat in die Ziege ein.

Bis dahin war es mir erspart geblieben zu sehen, daß es solch absteigende Wege gibt, merkwürdige Menschen, die an Tiere ihre Lust verschwenden, und auf seltsame Weise erstarrt und atemlos blickte ich auf diese Vision.

Ich ahnte die Wildheit, die im Schäfer tobte, das Begehren, das sich vom eigenen Fleisch löst, und ich sagte mir, daß ich nicht weiß, wie einsam das Leben eines Hirten sein kann, wie sehr mit den Tieren verbunden.

Als ein keineswegs schmutziges Bild aus alter mythischer Zeit, als noch ein Bündnis zwischen Mensch und Tier bestand, hatte ich es in mir behalten, als ich Jahre später, der Schäfer war längst tot, Esimio davon erzählte. Er nickte unaufgeregt und ohne Scheu, der kleine hutzlige Mann, beugte sich zu mir und sagte, die Augen verengt: »Schön war sie nicht, sondern häßlich und alt.« Er betrachtete einen Augenblick seine Hand voll Narben und Schrunden und hob seine Nase. Ein Ausdruck ungezügelter Neugierde trat in seine Augen, und er fragte mit der Hellsicht des Bauern: »War sie angebunden oder machte sie's freiwillig, sag?«

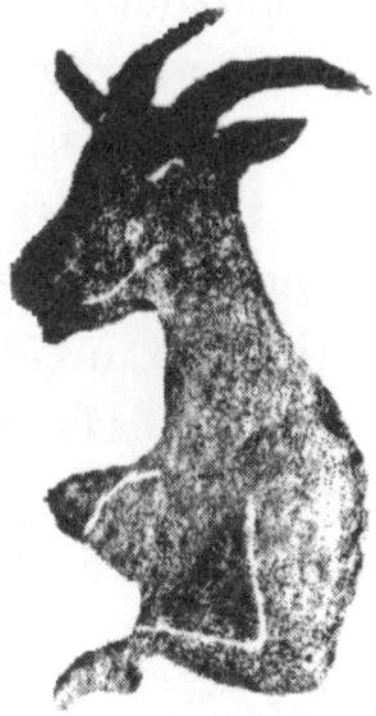

Cupido

»Jeden Morgen erwache ich im selben Bett«, klagt der Kleine, denn Cupido ist nur einsvierzig, fast ein Liliputaner, und sein Gesicht ist ein wenig runzlig und zerknautscht. Ein Mann, entwaffnend närrisch, der sich mir vertrauensvoll öffnet, besessen in seiner Gewohnheit, von Liebe zu reden. Der Gedanke an dieses schöne Werk läßt jedes andere Thema verblassen, rasch haken wir Inflation, Konjunktur, Arbeitslosigkeit und Weltkrise ab und kommen zum Thema, seit Jahren ein bildender Exkurs.

Cupido trägt seinen Spitznamen, wie alle im Dorf die ihren, zu Recht, ein Mann des verdoppelten Verlangens, und wenn auch die sagenhafte Schönheit jenes Liebesgottes bei ihm nicht zum Tragen kam, er besingt unverdrossen die Liebe und erscheint nie ohne ein Geschenk, diesmal in Gestalt eines rohen, verblüffend runden Steines. Die Süße der Erinnerung an unsere Gespräche mag ihm so manche selbstzufriedene schöne Stunde beschert haben – ich schenke sie ihm voll Großzügigkeit. Es gilt, wenigstens verbal zu bewältigen, was er im Leben nicht hat, denn seit dreißig Jahren lebt der Kleine im Elternhaus, nicht, wie Eros, mit seiner Mutter, sondern mit seiner verwirrten Schwester.

»Schöne Beine hast du«. Er beginnt seinen Liebescode. Ich lege die Arbeit zur Seite und hole uns Wein.

Cupido sitzt zu meinen Füßen und genießt die Sicht nach oben, ich reiche ihm ein Kissen, damit er es bequemer dabei hat.

»Wie viele Liebhaber hast du gehabt?«

»Cupido«, sage ich, den Zeigefinger erhoben, »du weißt, ich spreche nie davon.« Mit mir nur über die Liebe, nicht aber über meine zu reden, von deren Ausübung zu schweigen, das ist eine Aufgabe, an der der Kleine schier verzweifelt, und manchmal muß ich mich zügeln, ihn nicht zu fragen, in welcher Größenordnung sich sein Verdacht bewegt. Doch darauf, eine Folge meiner Auflage, muß auch ich verzichten; im Bereich der Imagination ist er der König, ich bleibe bei meiner kümmerlichen Realität. Cupido hat die Phantasien eines frühreifen Knaben, der im Galopp die Entwicklungsphasen absolvierte und den die Natur in jeder Hinsicht bei einsvierzig stehen ließ, im Alter der Pubertät, der Träume, des Schwärmens.

Cupido schweigt und spielt mit dem Stein zwischen seinen Beinen, und ich sehe ihm an, wie er sich quält, der Arme, nirgendwohin vermag er seinen Vorstellungen zu entfliehen! Sie sind in den Kanten und Winkeln seines Gesichts nicht verborgen, und eine Lüsternheit hat seine Züge aufs anschaulichste geprägt.

»Wann hast du damit begonnen, den Braten zu verspeisen, sag?« Er wiegt leicht seinen gedrungenen Oberkörper, und nach einer Pause erteile ich ihm großzügig die Information:

»Mit siebzehn.«

»Und –?«

»Blumenpflücken, spazierengehen, die Arme umeinander schlingen... Wir denken viel zu sehr an uns, wenn wir das erste Mal lieben, so schwer, es wiederzugeben... Geschmäcke und Gerüche...«

»Was hast du geschmeckt, gerochen?«

Er schnüffelt, wie übrigens meist, wenn es um unser Thema geht, ausgestattet mit dieser nasengeprägten Sinnlichkeit, und zerreibt eine Lavendelblüte zwischen seinen Fingern. Manchmal genügt der Anblick meines am Boden ausgebreiteten Rockes, daß die heiße innere Feuchte durch seine Nase nach außen läuft, die ersatzweise anschwillt und sich vergrößert.

»Etwas wie den ersten Geschmack wilder Brombeeren auf der Zunge...«

Er nimmt den Stein an seinen Mund und überzieht ihn mit seinem Speichel, wobei sich wohl theoretische Betrachtung und erotischster Genuß aufs angenehmste verbinden, wie bei einem kleinen Kind, das alles an den Mund führen muß, um es mit feuchter Zunge zu erkunden.

»Und was gerochen?«

»Etwas Neues, Warmes, Männliches, frisch wie Minze... etwas, das mir Kraft gab, Leben...«

Er hält seine Nase zu mir hoch, als versuche er, mich zu atmen.

»Frauen riechen gut, aber Männer – ich weiß nicht...«

»Männergeruch ist etwas Besonderes, das ich damals nicht kannte, etwas Anregendes, Dichtes, wie Gestrüpp, etwas Fleischliches...«

»Wie mein Arm?« Er reicht mir seinen Arm zum Riechen.

»Ja...«, sage ich, »so. Warm, nach Meer und Sonne...«

»Ich weiß«, sagt er eifrig, und seine Nase fährt über

seine befeuchtete Armbeuge, »doch nicht wie bei mir, ich bin Landarbeiter, und mich zerreißt die Hitze, wenn ich grabe, pflüge, meine Haut ist wie gebraten, und meine Wangen sind wie gegerbt... Ich sehe furchtbar aus, nicht?«

Ich spüre, wie wichtig ihm diese Frage ist, und ich bin verlegen.

»Schön bist du nicht«, sage ich, denn ich will ihn nicht belügen, er würde es doch merken. »Aber es gibt Dinge, die schön an dir sind. Du hast schöne Augen, dein Haar ist wunderbar, und du verstehst was vom Riechen...« Ich fühle, daß es mit meinen Möglichkeiten zu Ende geht, und schenke ihm nach.

»Blumen riechen manchmal ungemütlich«, sagt er, »zu schwer, zur Erde herabziehend, süßlich überladen, parfümiert. Zu eindeutig, zu fest. Aber kleine Kinder, dieses feine leichte Lüftchen über ihrem Scheitel, da atmet noch Gott...«

Mein kleiner, liebenswürdiger Cupido gibt mir diese Probe seiner weit geöffneten sensiblen Nase, und seine sanften Augen mit den Riesenwimpern öffnen sich weit und haben Tiefe.

Dann zuckt er mit den Brauen, konzentriert sich erneut auf seine Begierden:

»Die Liebe«, sagt er, »was wären die Menschen ohne sie und ihre Gegenwart, und eine Frau wie du, wie das guttut! Wie schade, daß du nicht für mich gemacht bist, beim Körper des Bacchus!«

Sobald mein Eroberer hier angelangt ist, wird es schwierig, zu jener Distanz zurückzufinden, die seinen Drang bezähmt, und ich schwinge mich zu einem warnenden »Du weißt...« auf, da zuckt er zusammen und meint:

»Trotzdem, ich würde es mir nie verzeihen, wenn ich das nicht jedesmal wieder sagte.«

»Wir haben es hier nicht mit mir zu tun, sondern mit der Liebe, Cupido, der Liebe ...«
Aber diese Vergeistigung macht er jetzt nicht mit, es erotisiert ihm das Hirn, und er sagt unvermittelt: »Brüste ... hier liegt das Geheimnis der Frau begründet, rund um diese Stellen, wo zu sehen ist, was im Inneren verborgen ist, angeschwollene Eruptionen, die sie so einfach aus dem Ärmel ziehen ...«
Er läßt jedoch den vielen Worten, die ihm dazu gegeben sind, nicht die Zügel schießen und erlaubt sich diesmal keine Schamlosigkeit. Strafft vielmehr seine leicht gedrungene Brust, um abzurücken von den vielen Brüsten, die ihn innerlich berühren, und sagt: »Wo denkst du hin ... ich bin kein unbeherrschter Mensch.«
Er steht jetzt vor mir und sagt mit trockener Nase: »Ich gehe«, denn er weiß, daß man sich besser nicht ständig wiederholt, will man seine Phantasien behalten.
Und er geht tatsächlich, der Kleine, und ich sehe an seinem Rücken, was mir selbst nicht mehr eigen ist: eine rührende kindhafte Naivität, eine Unschuld und Keuschheit. Sehe einen Mann, der immer im kindlichen Traumzustand verharren wird, und manchmal denke ich, daß es leichter ist und heller, erwachsen zu sein.

Die Partisanin

Donna Aurora, die alte, finstere, stets schwarzgekleidete Näherin, hat einst mit dem Teufel gerungen, einem kräftigen blauäugigen Burschen im Gewand eines deutschen Soldaten. Unmittelbar nachdem er sie überfallen und niedergerissen hatte, schrumpfte er zu einem kraftlosen Bündel: Aurora hatte ihm den Stiefel ins Geschlecht gerammt, wieder und wieder; danach lief sie rasch vors Haus, um zu erbrechen, ehe sie Fersengeld gab. Seitdem hat Donna Aurora nie wieder einem Mann getraut, hat nie ein Kind geboren. Aber sie wurde Kurier der Partisanen, schlich nachts über die Felder hoch in die Berge, durch die Macchia hindurch, die Maschinenpistole in der Hand, doch sie konnte nicht schießen. Sie ging in die Nachbardörfer, im Korb unter Tomaten und Bohnen Flugblätter und Pistolen. Sie verfolgte mit Blicken jeden, der durchs Dorf ging, und kannte die Schlupfwinkel der Partisanentrupps.

Heute sitzt Donna Aurora vor dem Fernseher, wenn ich komme, während sie ein großes Hammer-und-Sichel-Emblem von einer Fahne abtrennt und es durch eine riesige Eiche und ein winziges Emblem ersetzt. Ab und zu hebt sie die Augen von der Arbeit und sagt: »Nein, das kannst du nicht machen!« Sie schimpft, keift und hebt die Faust: »Er liebt dich nicht, dreh dich doch um!« Immer lauter werden ihre vergeblichen Anstrengungen, die Schöne zu warnen: »Er betrügt dich, mein Täubchen, der Schuft betrügt dich!« Doch die Schöne auf dem Bildschirm achtet nicht auf ihre Rufe, sondern steht unverdrossen ihrem geschniegelten Liebhaber zu Diensten.

Ruinen

Ich will, daß das unter uns bleibt: Aber als Florian klein war, betraten wir oft eine der unzähligen Ruinen und raubten, was uns begehrenswert schien: einen Ziegel, eine Kachel, einen Stein, und wir verließen das Haus mit Worten des Dankes: »*Grazie, casa*«, sagte Florian und lachte. Die letzten Bewohner hatten ihre Häuser wohl überstürzt verlassen, denn überall fanden sich noch Spuren. Da waren Töpfe, da ein verrostetes Bett, am Kamin hing das rauchige Baumwolltuch mit seinen verwaschenen Motiven, aus dem zerborstenen Krug sprossen Gänseblümchen. Auf Zehenspitzen und flüsternd (Einsturzgefahr!) traten wir an die verwachsenen Fenster und lauschten nach der Frauenstimme, die einst das Kind vom Brunnen rief, das da hockte, weinend und verstockt, doch es quakten nur noch die Frösche. Der Wind durchlüftete die Bettstatt und fächelte das Gras, das durch die Sprungfedern schnellte, er blies durch die rostige Lampe als wär's eine Äolsharfe.

Sie waren wie ein Theaterstück, diese Ruinen, deren frühere Bewohner uns ihre Geschichten erzählten, kleine pathetische Dramen von der Zerbrechlichkeit des Seins, jede Ruine eine andere, die wir zu enträtseln suchten.

Hier war der Vater gestorben, in der Mine verschüttet, und die Familie, verarmt und verwaist, in die Stadt gezogen und verkommen. Da hatte Mauro gelebt, ein spielsüchtiger Luftikus, der unter alle Röcke spitzte, er hat alles verspielt. Das ist die Ruine des *»Americano«*, ausgezogen ins gelobte Land und verschollen, da die Burg des Brigante, er hat nur die Armen beraubt.

Königlicher konnte kein Palast sein, mit Kleinoden angefüllt, als diese rätselhaften Ruinen mit ihrem Geheimnis, der Unbegrenztheit unserer Phantasien. Schau, was für eine herrliche Ruine... Es war schon fast dunkel, und wir blickten uns verschwörerisch an. Verwerfungen aus Gestein, von Fledermäusen umflattert, von einem Schleier des Geheimnisses umwoben, ausschweifenden Brombeeren und zügellosem Efeu.

Die Finger auf die Lippen gepreßt, nickten wir uns zu, setzten auf das Rätsel und betraten das Gemäuer, im Kegel der Taschenlampe, Florian mit ausgefahrenem Schwert, wir beide mit laut klopfendem Herzen. Der junge Mann, mein ängstlicher Schatten, hielt meinen Rock.

Süßliche Ausdünstung eines geheimen Gewächses, Schläge von harten Zweigen, Stiche der Brombeerranke; wir traten ein. Wir setzten uns auf wacklige Stühle, öffneten eine knarzende Truhe, stocherten im Kamin, auf der Suche nach etwas Unbekanntem. Wir benutzten einen alten Kochlöffel, um in der Asche zu schaben, im süßen Vorgefühl der Entdeckung: das Alte und Verlassene flößte uns Schauer der Ehrerbietung ein. Da stieß Florian gegen ein Ding, schob es in den Lichtkegel, etwas silbern Leuchtendes, ein Stück Pyrit.

Vorsichtig wollten wir wieder hinaus, unseren glücklichen Fund in den Händen, da ertönte ein markerschütternder Schrei: es hat sich um den ehemaligen Besitzer gehandelt, der seinen Stein zurückforderte, kein Käuzchen, keinesfalls, doch ich will, daß das unter uns bleibt.

Feigen

Jedes Jahr denke ich Anfang September, ehe ich zurückfahren muß, diesmal kann ich mir die Feigen aus dem Kopf schlagen. Doch von jenem Tag an, an dem ich die erste Feige esse, fällt mir eine nach der anderen in den Schoß, weich und süß und mit jener violetten, schrumpeligen, genarbten, gerillten Haut überzogen, die unser Geschlecht umschließt, ein verknotetes, sensibles Labyrinth, mit diesem kleinen starren Stiel auf der einen, dem Auge auf der anderen Seite.

Ein paar Tage ernähre ich mich fast ausschließlich von diesen süßen Bällchen, genüßlich den körnigen Samen kauend. Sie sind so mundgerecht in ihrer Größe, trotzdem reiße ich sie gern in zwei Teile, um das zähfädrige rote und rosafarbene Fleisch zu sehen, ehe ich meine Zähne hineingrabe, und die ersten schmecken mir immer am besten, in ihrer unendlichen Süße.

Nach kurzer Zeit wachsen mir die Feigen über den Kopf. Ich mag sie nicht mehr essen, Marmelade wird immer zu süß, und wenn ich sie trockne, muß ich sie noch feucht nach Deutschland mitnehmen, und sie beginnen zu faulen. Jetzt mache ich sie ein, mit Whisky und wenig Zucker, manchmal süßsauer für chinesische Gerichte. Immer häufiger fallen die Früchte auf den Boden, von Wespen umschwärmt, und der verwachsene Baum ist immer noch überladen mit seinen süßen Hodensäckchen, die hängen und schrumpeln, bis es mit ihnen zu Ende ist.

Lorenzo der Steinbeisser

Wenn es um Roccatederighi einmal keinen jener riesengroßen bemoosten, gleißenden Sandsteine mehr gibt, auf denen man sich sonnen, tafeln, lieben und spielen kann, so liegt das an Lorenzo dem Steinbeißer. »Ich bin Obelix«, sagt er, breit lachend, mit riesigem, schimmerndem Gebiß, die Hand mit dem Hammer gen Himmel gereckt, mit der Linken den Meißel auf den Stein setzend, Schweiß auf der Brust, die so breit ist wie eine Eiche, von Frühlingswind umfächelt.

Steine auffinden, sie zart befühlen wie eine Frau, über sie streichen wie bei einer Massage und ihre unsichtbaren Nähte spüren, in sie eindringen und sie aufspalten ist eine körperliche Übung und eine Lust, die für ihn durch nichts aufgewogen werden kann. Dabei fühlt er sich als Erster, als Herr der Erde, ohne Nebenbuhler. Und der Stein, den er formt, hat keine Vergangenheit mehr, ist entrechtet und entwurzelt, nur seiner Zukunft anvertraut: Teil einer Mauer, eines Hauses oder einer Terrasse.

Mit verbranntem Rücken, glänzendem Gesicht und dumpfem Herzschlag ist Lorenzo in seine Schläge so versenkt, daß er mich nicht hört, wenn ich näher komme. Diese mühselige Arbeit bindet seinen kraftvollen Leib an die Erde, und fast erfüllt mich ein mystisches Erschauern, wenn ich ihn erblicke, rund um ihn Staub, gesprungene Steine, glänzend in der Sonne.

Mit seinen sechsunddreißig Jahren hat Lorenzo zwanzig Jahre lang unter Tage gearbeitet, in den Minen von Boccheggiano, die nun geschlossen sind. Zwanzig Jahre ohne das Licht des Tages, und wenn ich ihn morgens um fünf Uhr sah, ehe er zur Schicht fuhr, so stand er halbnackt da, mit damals bleicher Brust, hüstelnd und spuckend, sich im Nacken unter dem gelockten Schwänzchen kratzend, umgeben vom fast überirdischen Glanz der Oliventerrassen, dem leuchtenden Grün der Morgenwiesen, dem weitgespannten Land, und die erwachende Sonne brachte ihn zum Blinzeln. Und wenn ich ihn nach der Arbeit fragte, so sagte er nur: »*Bou!*« und zuckte die Achseln. Was gibt es auch über eine Arbeit zu sagen, die unter Tage stattfindet, staubig, eng, in schwarzer Nacht? Damals hatte er das Gehabe eines Mannes, der nächtens herumirrt, aus dem Haus gestoßen, verwirrt, und die sparsamen Worte, die er jener Fron widmete, verrieten mir die Dumpfheit seiner Gefühle, mit fünfzig, sagte er müde, sei das alles endlich vorbei…

Nun, es kam anders. Seitdem die Mine geschlossen hat, ist aus dem schweigsamen, finsteren, widerborstigen Gesellen ein gesprächsbereiter fröhlicher Mann geworden, den warmen Strom der Sonne in Adern und Gemüt, mit bronzener Brust, bebend vom Steineschlagen und übersät von Kräuselhaar, mit terracottafarbenem Rücken und einem kräftigen braunen Bauch, muskulös und hochgewölbt. Sein Schwänzchen ist fettig über dem immer noch milchigen Nacken, seine Jeans sind ausgeblichen, seine Augen offen, der lebendigen Welt des Lichts wieder zugewandt. Und selbst an Tagen, da die Sonne höllisch herabbrennt, sieht er ihr Licht mit einem Lächeln: immer noch besser der Schweiß als das traurige Dunkel.

Nie habe ich die Dankbarkeit eines Menschen über die Sonne so stark empfunden, wenn er so dasteht, mit glänzendem Hammer über dem aufleuchtenden Stein, ehe er ihn niedersausen läßt, von aufdampfendem Glitzerstaub umgeben, und er einen glücklichen Schrei ausstößt.

Ich muß sagen, daß ich es bewundere, wie sich Lorenzo aus dem Nichts eine Profession geschaffen hat, die Nachfrage nutzend. Denn die vielen Fremden, die sich hier ihre Burgen bauen, trotzig, bewehrt und schlangenfrei, mit Türmen, Zinnen und Löwen, sie brauchen Steine, Platten, Quader, um die Natur von sich abzuhalten. Sie brauchen Lorenzo, damit er schneidet und schichtet für ihre Katakomben, bedürfen dieser steinernen grauen Ewigkeit, mit der sie überdauern wollen in kühler Abgeschiedenheit, als könne der Stein sie vor Verwesung schützen. Dafür reichen sie ihm ihre Scheine – sie zahlen gut, zwanzig Mark für die Platte und fünf für einen geschnittenen Stein.

Schon hat Lorenzo einen Assistenten, einen größeren Traktor, einen Bohrhammer, eine Kette aus Gold, und mit Heißhunger stürzt er sich jeden Morgen früh auf die Arbeit. Manchmal verwendet er Dynamit, in den Minen beiseitegeschafft, so geht es schneller, die Felsen zu sprengen und seine Steine zu bearbeiten.

Herrliche Rasse des Riesen, unbezähmbarer Koloß! Schon sind seine Muskeln prächtiger geworden, erfüllt von träger Kraft und Schönheit – ein glänzender Herkules. Warum sollte er auch nicht essen? Diese Felsbrocken fordern seine Blitze und

seinen Strahl, den Kult seiner Kraft, und was er zutage fördert, ist von dunkler Schwere, von Erde durchsetzt und durchzogen von parallellaufenden Adern.
Die Fremden aber zählen seine Narben und Schläge, und wenn er ihnen eine Trockenmauer hingestellt hat, so vollendet, wie nur er und Renzo, sein Vater, es können, niemand sonst in der Toskana, und sie darauf hinblicken, seufzen sie: Ah! Welche Mühsal hat das gekostet, wieviel Schweiß und Schwielen! Sie wägen den Wert ihrer Steine ab, ihr Gewicht und ihre Zahl und bringen das in eine ordentliche Reihe – ein Schatz, der mit jedem Stein wächst. Und wenn Lorenzo eines Tages alt und krumm geworden ist und genug von den Steinen hat, dann wird er seine Mauern allesamt in Ruhe betrachten können, seine diese Landschaft verändernde Kunst. Doch dann wird es nicht mehr lange dauern, und der alte Lorenzo wird sich selbst unter die Erde begeben, der er die Steine entnahm, und seinen Körper werden keine modernden Bretter stützen, sondern ein Stein, von ihm selbst behauen, zum Schutz gegen Gespenster.

BROT

Die Augen des Katers verengen sich zu schmalen Schlitzen, gelangweilt schnuppert er am Stückchen Brot, das ich ihm zugeworfen habe, und entfernt sich höflich, aber entschieden, wirft mir noch einen männlichen Blick voll leiser Verachtung zu, als wollte er sagen, mit mir kannst du das nicht machen.
Er flieht das Brot, nicht anders als die Menschen, und aus der Ferne läßt er chromatische Schmähungen hören, ehe er sich mit einem empörten, keckernden Laut ins hohe Gras begibt, sichtbar an den zitternden Halmen.
Seinen symbolischen Wortsinn als Gesamtheit menschlicher Nahrung hat das Brot längst verloren, doch für meinen Liebsten bleibt es, was es immer war, und er sieht sein Schwinden mit Sorge. Schon haben Forscher Geschmacksskalen verfertigt, auf denen stehen Brot und Wasser bereits an niedrigster Stelle. Die Ärzte sagen, daß wir nicht zuviel davon essen sollen, um unseren Magen nicht zu belasten, sie schlagen vor, uns mit Flüssigem und Leichtem zu ernähren, das uns schlank erhält.

In diesem Sinne schickt Elsa sich an, ein Faktotum zu werden, denn sie ist jemand, der von Brot etwas hält. Unnachsichtig gräbt sie ihre Zähne hinein und erläutert zwischen zwei Bissen: »Meine Eingeweide verstehen die modernen Theorien nicht, ich bleibe bei meiner Liebe zum Brot, und manchmal denke ich, daß ich anderes nur deshalb esse, um es zu würzen.«
Sie nimmt sich die dritte Scheibe, dazu ein winziges Stückchen Fleisch und viel Salat und sagt mit geblähten Backen: »Was Wunder, daß die Menschen kranke Mägen haben, denn das Brot in seiner Beschaffenheit ist dazu gemacht, mit Speichel durchtränkt zu werden, um den Verdauungswerkzeugen einen möglichst geringen Widerstand zu bieten.«
Elsa erfreut sich deshalb bester Verdauung, und mahnend erzählt sie vom Krieg, als sie Brot aus Bohnen, Erbsen, Linsen, Wicken, Mais, Kastanien, Eicheln, Kürbissen, Trockenobst, Rüben und Karotten, selbst aus Holz und Moos, Stroh und Rinde zu backen versuchten: »Doch wir wurden kraftlos und hatten Stechen und Brennen auf der Brust. Außerdem zog dieses Brot einem den Mund zusammen, es war bitter und keinesfalls süß und locker wie dieses.«
Sie nimmt sich eine weitere weiße, schimmernde Scheibe, legt ein wenig Schafskäse darauf und sagt: »Das Brot hat auch mit uns Frauen zu tun, und mir stößt eine Welt auf, die nichts Weibliches mehr hat. Sollen wir denn alle unsere Formen aufgeben und die Dinge, an denen unsere Seele hängt? Denn das Brot ist ein Teil von mir, es ist warm und weich, und es riecht nach Seele.«

FRIEDHÖFE

Man kann unsere Friedhofsgänge als einen traditionellen Ritus ansehen, als einen Akt der Reverenz vor Vätern und Müttern, verstorbenen Freunden und Geliebten. Aber sie sind auch etwas anderes, eine versenkende Übung, eine Entleerung vom Leben, eine Vergegenwärtigung von Anfang und Ende, Zeichen einer Liebe, bei welcher der Tod immer mitgedacht werden muß.

Unermüdliche Friedhofsforscher, lassen wir keinen Friedhof aus, wir steigen ins Dorf hinauf und suchen die Geistesruhe, unser Verstand ist still, unsere Liebe ordnet sich, unsere Gedanken haben ihren Ort.

Meist ist nur jene alte Frau da, die täglich diesen Weg nimmt, übend wie wir, sonst ist der Friedhof menschenleer, und die einzige frisch aufgeworfene Grube ist klein.

Italienische Friedhöfe sind anders als deutsche, herausgeputzt wie Sonntagszimmer mit grellen Wachsblumen und Kerzen, mit viel Marmor und Zement – sinnvoll angesichts der sengenden Sonne. Sie sind keine Gärten, sie haben etwas Künstliches, das die

Schmerzanfälligkeit niedriger hält, etwas Pathetisches, fern vom normalen Leben. Stumpf steht die Stubenluft darin, von den umschließenden Mauern gefangen, und ab und zu meckert ein Schaf, das vorübergehend hier Zuflucht findet, stumm gegenüber der Betrachtung des Todes, um schließlich wieder umzukehren: kein Wasser, kein Grün.

Das Lebendigste sind die emaillierten Photos, im ovalen Rahmen am Stein angebracht; ich erinnere mich an das KZ von Mauthausen, wo mich die Lebendigkeit dieser Bilder hingerichteter Italiener fast tröstete. Schaue ich in diese Bilder hinein, in die Gesichter, die sich öffnen und schließen, in schwere Lider und Augen, glänzend wie Öl, erhält die Vergangenheit eine kraftvolle Körperlichkeit, und lese ich das Datum darunter, so erblicke ich auch das Ende einer bäuerlichen Kultur.

Ich sehe gestaltlose Paare mit mir aus dem Dorf bekannten Namen, nebeneinander, mit fernem Blick, ein junges Mädchen, die Augen entrückt, eine weiße Schleife im Haar, einen Pfaffen mit Hut, den jungen Soldaten, ermordet in Ravensbrück. Manchmal hat der Sturm ein Eckchen beschädigt oder der Frost ein Bild gesprengt, manch eines ist blind geworden wie ein alter Spiegel, aufs geheimnisvollste allem enthoben. In italienischen Gesichtern ist, mehr als in unseren, etwas von innerem Ausdruck zu sehen, etwas Feuchtes, Lebensvolles, noch verstärkt durch den Schmelz der Emaille, und manchmal überkommt mich etwas wie eine verfrühte, unendliche Schläfrigkeit, als strenge es meine Augen an, über die für sie vorgegebenen Grenzen hinauszublicken.

Dann nimmt mein Liebster meine Hand und hält sie in seiner, so sanft und vorsichtig wie jemand, der ein Vögelchen fühlt, ehe er mit mir den Friedhof verläßt, nun mit meinen Fingerkuppen spielend, der Leichtfuß.

DIE JÄGER

Die Jäger laufen frei herum, das versetzt mich in Panik und Schrecken. Schon früh um fünf, wenn ich die vielen kleinen Autos höre, die sie ausspucken und über das Gelände ergießen, ist mir klar, daß wieder jenes denkwürdige Ereignis bevorsteht: die Jagd ist eröffnet, der Beginn einer unruhigen Zeit.

Jagen ist ein zutiefst männlicher Akt, und für den südlichen Mann ein Beweis seiner Identität und Erfindungskraft, seiner Fähigkeit, zu ernähren, für die er stets ein waches Auge hat, selbst beim sanften Nahrungssammeln von wildem Spargel, Muscheln, Löwenzahnsalat oder Pilzen. Sie alle besitzen eine Jagdausrüstung, Stiefel, grünes Hemd, grüne Jacke und Hose, und wo immer geschossen wird, sind sie dabei, gleich, ob es sich um Fuchsjagd handelt oder die Erlegung streunender Kater, um Wildschwein- oder Vogeljagd.

Ich mag die Jagd nicht, doch um sie nicht zu kränken – auch aus einer gewissen Vorsicht vielleicht: sie könnten mich erschießen –, lächle ich sie an und wechsle flüsternd ein paar Worte, wobei ich stets heimtückisch frage: etwas getroffen? (denn meist treffen sie nicht). Bedauerndes Nein: ich laufe erleichtert davon.

An manchen Tagen, wenn ich weiß, daß die Hatz beginnt, sitze ich starr an meinem Schreibtisch und lausche, und ab und zu halte ich mit der Feder inne und hebe den Kopf. Bis ich es höre, dieses wahnwitzige Geschrei, das den direkten Angriff begleitet, heiser und in wilder sexueller Gefräßigkeit, wütend vor Verlangen, schon verstärkt sich meine dumpfe Abneigung. Dieser fanatische Eifer sträubt mir am Rückgrat die Härchen, dieses blutrünstige Geröchel, und einer darunter, dessen Stimme sich bis zur Entäußerung aufschwingt, mir früher unbekannt: die herzzerreißenden Klänge des Mordens, die Orgie des kleinen Mannes, dem Fußball verwandt.

Ein wenig später kommen drei Jäger in einem Cinquecento vorbei, Mario, Massimo und mein zarter Marx, die Gewehre geschultert, das blutige Messer am Gürtel, die Gesichter knallrot, die Augen funkelnd erregt; sie rufen mich heraus und weisen ins Auto. Gebeugt stehen sie vor dem Tier, einem Wildschwein, bereit, beiseitezuspringen, Blut klebt am gelöcherten Fell, der riesige Kopf hängt am Fenster, und ich blicke auf die mächtigen Klauen, die Füße, die gerade noch über Moos und Laub gelaufen sind, über Blumen und Heidekraut.

Etwas wie Lob erstirbt mir auf den Lippen, ich nicke und sage kein Wort, während sie sich rühmen, ihre Geschicklichkeit und ihr Draufgängertum, ihre sexuelle Kraft. Das Gemetzel wird mir dramatisch geschildert und mit einer Einladung zum Braten gekrönt, was ich nicht abschlagen kann, und ich weiß, der Magen ist vergeßlich …

Am nächsten Morgen ist es wieder ruhig, und erleichtert laufe ich durch die glänzende Pracht der Wälder: ich bin noch am Leben.

ANNIBALE

Annibale, Tommasos und Rosellas Sohn, heute fünfundzwanzig, gehört zu jenen jungen Leuten, die der Tradition den Hintern zukehren und bedingungslos modern sind. Was auch die einfachste Art zu leben ist. Immer mit dem Strom schwimmen in Kleidung, Musik, Politik: nur der Gleichschritt der Mode beschert ihm das Glück.
Schon mit acht Jahren gab er uns das vollständige Repertoire des Fernsehprogramms, von den Bösewichtern brasilianischer Serien (heutiger Bildungsstand: Folge 934) bis zu einer respektlosen Andreotti-Parodie, Celentano nicht zu vergessen, er spielte die Schußwechsel Arnold Schwarzeneggers, den er tief verehrt, und was er sonst noch von sich gab, hatte allemal die Glaubenskraft italienischer Werbung. Verglichen mit ihm, waren wir Waisenknaben allesamt, was Fernsehen betraf, denn Annibale hat seine gesamte Kindheit im Wohnzimmer vor dem, wie überall in Italien, lauthals plärrenden Fernseher verbracht, denn ein Kinderzimmer gab es nicht. Die Heiligtümer seines Spielzeugs waren Soldaten, Panzer und die üblichen Schundgegen-

stände, seinen Gürtel zierten Plastikpistolen, und er spielte mit Florian Krieg, Sprengung, Atomtod, Großfeuer und »Lager«, daß ich vor Scham versank und diese Spiele zornig unterband, hilflos und wütend, weil Brutalität, Unmenschlichkeit und Gewalt auf diesem Umweg in Florians kleines Leben eindrangen. Denn die vielen Pistolenschüsse, Degenhiebe, Lanzenstiche und Bomben zogen Florian unüberwindlich an, schon eilte er am Morgen an seinen Exerzierplatz und schoß auf seine Legomännchen …

Meine Versuche der Seelenrettung meines Sohnes vertrieben die beiden, und sie verlegten ihre Wirkungsstätte zu Tommaso, weshalb Florian nach kurzer Zeit auf das flüssigste sein Italienisch mit Vokabeln zu Atomtod und Kriegsführung vervollständigte. Bis ich ihn eines Tages in den Büschen fand, zitternd und weinend, Spaghetti im Haar. Rosella hatte die Schüssel mit Spaghetti kurzerhand über den Eßtisch gekippt, Tribut an einen Ehedisput – ein einschüchternder Einbruch gewaltsamer Realität.

Heute ist Annibale mit seinen fünfundzwanzig Jahren beim siebten Beruf. Er hat in der Pizzeria gekellnert, Sportkleidung verkauft, den Maurer gemacht, den technischen Zeichner, hat als Vortänzer in der Disco die anderen zum Tanzen animiert, hat Immobilien gemakelt. Im Augenblick ist er Computervertreter und schwätzt in den schönsten Sätzen, wobei seine Eloquenz die Mängel des überholten Geräts verbirgt. Er ist schlank wie die meisten Toskaner, gepflegt, in einem Ohr den Ohrring und mit geputztem Schuh, und die Idee der Mode erfüllt nach wie vor vollkommen seinen Geist. Deshalb wählte er Berlusconi, und ein neuer Haarschnitt, ein neues T-Shirt geben ihm Erfüllung. Und doch geht er rein, wie aus einem Bad,

aus dem allem hervor, heiter und neu belebt, vertrauensvoll gegenüber dem Leben und von tiefer Menschlichkeit.
Wie die meisten jungen Männer lebt er nach wie vor zu Hause, der Mamma nahe, ihrer Hausmannskost und ihrer Bewunderung, in jenem Reich, das für ihn geschaffen ist. Sonst verlöre er am Ende seine Unbekümmertheit, gar den Glauben an das Universalgesetz, wonach sich alles um ihn dreht, denn er ist es wert. Das meint er ganz ohne falsche Scham.

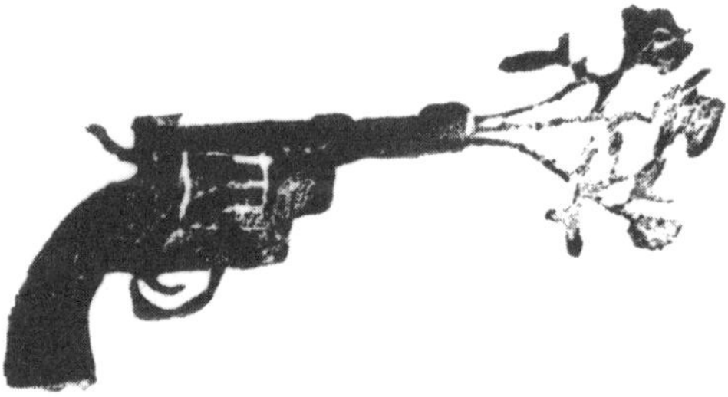

Festessen

Schon ein normales italienisches Mittagsmahl gleicht für den Deutschen, der ißt, um sich zu nähren, einem Fest, mit Auftakt, Höhepunkt und Schluß, es hat einen Ort und eine Zeit wie ein griechisches Drama, währt drei Stunden und kommt mit Spannendem auf uns zu, das wir nicht kennen. Ein temperamentvolles Gespräch fördert die Lebendigkeit der Verdauung und reizt unseren Appetit.

Bei einem Festessen aber gehen die Italiener aufs Ganze, denn sie leben gern in Saus und Braus. Andere mögen ihr Essen in sich hineinwürgen, schweigend und dumpf – ein wenig Salat, gedünstetes Gemüse, kein Brot und keinen Wein –, ein Italiener wünscht uns viel Vergnügen, doch für ihn ist das nichts. Lieber macht er Anleihen auf Kosten der Zukunft – wer weiß, ob er sie je erlebt?

Der herrliche Kindertraum vom Festessen, schon hundertmal erlebt, offenbart die Differenz zwischen zwei Welten, und ohne viel Federlesens laufe ich zum Süden über, auflachend und singend, schreiend und rufend mit vollem Mund, aufgesogen von dieser Lebenslust.

Schon von weitem, wenn eine *»festa«* ansteht und ich auf die Felsenhäuser zugehe, auf den kleinen Platz ganz oben am Turm, höre ich das Klirren der Gläser, Lachen, Kinderweinen, die Musik, Girlanden schlängeln sich den Weg entlang. Auf dem Platz eine einzige Tafel, mit Körben voll Brot und mit Früchten, Blumen und bunten Bändern, und auf der Felsenfläche das Schleifen tanzender Füße: schöne Mädchen mit sonnengebräuntem Dekolleté, junge Männer mit bunten Hemden und Tüchern, Kinder mit Krawatte oder steifabstehendem Organzakleid. Wir drängen uns auf den wackligen Holzbänken, von den Höhlenhäusern mit ihren Kantinen umrahmt, tief in die Erde gegraben wie etruskische Gräber – eine Umgebung außerhalb jeder Zeit. Oben glänzt sternenbewehrt der Himmel, und unten leuchten die Lichter im Tal. Und manchmal, wenn ich aus diesem Traum aufwache, meine ich an einem Bissen zu ersticken, wenn ich an all das denke, worauf wir Deutschen verzichten.

ROSMARIN

Vielleicht liegt das Wesentliche einer jeden Erinnerung im Geruch, und der starke, herbe, unerhört frische und irgendwie männliche Duft des Rosmarins drängt alles in den Hintergrund und schafft in meinem Inneren würzige Stille: ich bin in der Toskana. Oben blaugesprenkelter Himmel, vor mir der riesige Rosmarin, fast schon ein Feld, mit seinen unzähligen blaßblauen Blüten auf achselständigen Trauben und den grünen, unten graufilzigen Blättern, die so wohlschmeckend sind und deren intensiver Geruch meinen Appetit aufs äußerste reizt, deren Geschmack dem Essen Kraft gibt, Beruhigung, Sättigung. Zaghaft versuchte ich es mit einem Destillat und erhielt ein ätherisches Öl, es duftet wunderbar in meiner Wanne. Über meinem Bett hängt ein Kränzchen, aus Rosmarin geflochten, zur Vertilgung schädlicher Insekten. Und manchmal, wenn es mir am Strand zu geschäftig ist, laufe ich in die Dünen und liege nur da, von blauen Meeren umgeben: vor mir ruhig die See, neben mir der gefurchte Sand voll wilden Rosmarins mit seinem Männerduft, der mich einhüllt mit blauem Vergessen.

Sempre in quadrato

Den Großteil seiner Zeit verbringt Ape, mit seinen dicken, runden Brillengläsern im braunem Gestell und dem gelben Pullover für diesen Spitznamen, »Biene«, prädestiniert, in einer geordneten, aufgeräumten und winzigen Welt, einer Welt, die aus den gleichen Regelmäßigkeiten, Gewohnheiten, Disziplinen, Unstimmigkeiten und Arbeitskämpfen besteht wie die unsere. Dank seiner Erzählungen aus der Bienenwelt habe ich begriffen, wie bedingt und abgezirkelt, wie mechanisch wir leben – *»sempre in quadrato«*, sagt der Honigbauer, indem wir übereingekommen sind, das außer acht zu lassen, was uns behindern könnte. So nehmen wir die Oberfläche gern als Glattes wahr, abgezirkelt, deutlich abgegrenzt. Die Bienen aber mit ihren Facettenaugen, sie sehen jedes Detail, und noch im Unscheinbarsten steckt für sie ein bißchen wärmender, nährender Stoff, ein wenig Zucker, Eiweiß oder Fett. Deshalb hat Ape oft einen verwaisten Blick, weil er den Bienen zusieht und weiß, woraus ihre Welt besteht: aus regenbogenfarbenen Stäubchen und erstarrten Fettspritzern auf dem Gartentisch, aus

Zuckerrestchen in vom Wind verwehten Servietten und winzigen Kuchenkrümeln, die zur Erde fallen. Und das Schönste daran: daß daraus jene Substanz entsteht, die wir, die Waben am Kaminfeuer erwärmend, in den Kübel herabträufeln lassen, die klebrig-süße, fädenreiche Seligkeit des Honigs, unserem Speichel verwandt.

Eine herrliche Arbeit, deren Ziel der völlige Honigmensch ist. Denn wenn wir endlich unseren bitteren Seim in Gläser gefüllt und beschriftet haben, hat sich diese Masse tröpfchenweise über unsere Anwesenheit gelegt, eine klebrige Schicht überzieht Gesicht und Hände rundum, von unserem Fell und Pfoten tropft es, wie bei Pu dem Bären, und überall, wo wir unsere Füße und Finger lassen, gibt es diese Süße, die sich so angenehm leckt, selbst in der Hose und unter den Röcken.

SPIEL

Glühende Zeit, Solleone, die Löwensonne im August, und ich stehe im Stau, kilometerlang, so weit das Auge reicht, neben mir der damals fünfjährige Sohn. Er hat sich meinem schweigenden Ausharren angepaßt und sitzt neben mir, gehalten von einem unsichtbaren Band, mit einem Ausdruck, als sei ihm zum Seufzen. Deutsche Geduld, deutsche Mürrischkeit, deutsches Warten. Ich fühle mein Ungenügen, zeige ihm Bildchen, hole den Bären: er gähnt, das Gesichtchen klein, zusammengepreßt und blaß, gelangweilt, und ab und zu blickt er müde auf seine neue Uhr und das stumme Vorüberhuschen der Zeiger in Füßchengestalt.
Vor uns steht ein schnittiger Wagen, drin sitzt ein Mann, der sich ab und zu uns zuwendet, und wenn er sich wieder nach vorn dreht, hören wir einen Pfiff. Mein Sohn hängt den Kopf aus dem Fenster und zieht einen Zipfel vom Hemd übers Gesicht, dann wirft er diese Verhüllung ab und versucht selbst einen Pfiff, mit strahlendem Gesicht. Der Mann steigt aus, schlendert am Auto vorbei und pfeift wieder. Florian will auch aussteigen, und ich

gestatte es ihm, an ein Weiterfahren ist ohnedies nicht zu denken.
Kurz darauf verlassen auch andere ihre heißen Käfige. Der Mann zeigt meinem Sohn die linke Hand, zwischen Zeige- und Mittelfinger den Daumen, nimmt die Rechte, als sei sie ein Messer, fährt darüber und stößt einen markerschütternden Schrei aus: der Daumen ist ab! Nach kurzer Zeit spielen alle Umstehenden mit ihm, und schließlich formen wir mit den Fingern Ungeheuer und lassen sie als Schatten über den kochenden Asphalt spazieren, wir spielen zwischen den Autos Verstecken. Für Florian ist es wunderbar, soviel Aufmerksamkeit zu finden, sein Lachen und seine blitzenden Augen werfen ihren Glanz auf die schon verlorengegebene Stunde. Schon hat er Personen ausgewählt, die er besonders neckt, und ihre augenfällige Freude, wenn sie ihn finden, ergötzt den Kleinen. Er kann verschwinden, wiederkommen zwischen den Autos, und das alles angesichts einer Situation, die zur Unbeweglichkeit verdammt, kann die Realität durch überraschende Manöver überwinden. Es ist so schön, daß er weint, als der Stau sich endlich auflöst und wir weiterfahren können, an kleinen Pfützen vorbei.
Ein Abgrund, durch nichts zu überbrücken, klafft da zwischen Deutschen und Italienern, ein epochaler Unterschied im Verständnis vom Leben und seiner Zeit. Was für eine dumme Angewohnheit bei uns, das Warten bis zu seinem logischen Ende zu führen, der Langeweile! Die Kraft des Italieners, sich mit einer neuen Situation zu arrangieren, ist so groß, daß er jeden Augenblick als etwas Niedagewesenes erleben kann, sich sofort in ihn hineinziehen und sich von seinen Möglichkeiten verlocken läßt. Erst einmal ist wesentlich, was ist, und damit läßt sich etwas machen. Eine tiefe Art von Intelligenz

liegt in einem solchen Erfassen, eine Elastizität im Umgang mit Neuem, eine liebenswürdige Anpassungsfähigkeit. Einziges Vorwissen, das dazu benötigt wird, ist das Vergnügen am Leben, einfacher und ursprünglicher als bei uns.
Situationen, immer wieder erfahren, ob in der Schlange im Supermarkt, in der Bank oder beim jährlichen endlosen Warten aufs Eselsrennen im Sommer im Dorf. Allmählich bekam das Warten auch für mich einen anderen Sinn. Neue Worte habe ich gelernt, Neues erfahren, nicht zuletzt über mich, Freunde gefunden und Beziehungen geknüpft. Schließlich habe ich selbst gelernt, was ich immer schon gern gewesen wäre: albern zu sein, dümmlich und verspielt. Inzwischen kann ich sogar mit den Fingern prachtvolle Giraffen und Krokodile formen und Vögel fliegen lassen, ja, ich kann pfeifen, schnell und kurz und nur beim Einatmen – ist doch besser als nichts.

Die Bank

Auf der grüngestrichenen Bank oben im Dorf schlummern die Rentner aneinandergereiht, in Zigarettennebel gehüllt, nur Frauen erwecken ihre Blicke und lassen sie kreisen. Und wenn diese Frauen vorüber sind, kosten die Alten eine nach der anderen, lassen sie sich auf der Zunge zergehen, gewürzt mit einer Prise Phantasie (denn mit dem Jagen ist's ein für allemal vorbei), von leisem Gehüstel begleitet: das Wetter ist schlecht für die Silikose.

Früher, als ich diese alten Bergarbeiter noch nicht voneinander unterschied, schien mir ihre Gruppe zusammenhanglos, heute grüße ich und winke.

Ab und zu verschwindet einer von der Bank und weist seinen Platz dem nächsten zu, sie rücken auf, ein neuer reiht sich ein. Und eines Tages verläßt auch der letzte, den ich noch kenne, die Bank und taucht ab; sie sterben von rechts.

Marcello und der Müll

Im Herzen der Toskana leben die Weinreben und Rosenstöcke in zufriedener Symbiose mit Kühlschränken und Autowracks, die noch aus der Zeit des Zweiten Weltkriegs stammen. Hunderte und Aberhunderte von Kühltruhen, alten Closetts, Öfen, Gitterbetten und die Reste von geborstenen Bidets, in denen Veilchen blühen, schmücken die Wiesen, und niemand denkt daran, sie fortzuschaffen. So habe ich Gelegenheit, Verwitterung und Korrosion zu beobachten, immer weniger erbarmungslos in meiner Verurteilung dieses Ungemachs, denn auch bei uns zu Hause ist längst nicht mehr alles so, wie es war.

Diese Dinge leisten Marcello, meinem Nachbarn, Gesellschaft, und füllen seinen Himmel, den Garten, mit ihrem weithin sichtbaren Geblitze und porzellanenen Gefunkel, auseinanderfallend, bröckelnd, zerstiebend, aber anhänglich wie die Hühner, Ameisen und Schlangen, die sich in den Gehäusen ausgedienter Fernseher tummeln, und die Kater, die sich in zerfetzten Fauteuils räkeln, die schnäbelnden, ihre Bürzel kühlenden Schwalben im Bidet.

Früher, als diese Dinge noch den kleinen Bach herabschwammen und sich auf unserem Grundstück sammelten, führten wir manchmal darüber ein Gespräch:
»Marcello, dieser ganze armselige Fernsehschrott, wie kommt der auf unser Terrain?«
Marcello, leicht zusammenzuckend, dieser Liebling aller Kinder, klein und dick mit großer Nase, voll Witz und Schlagfertigkeit, dabei äußerst beredt: »Alles Unbegreifliche, Unberechenbare, das uns im Leben erscheint, zieht sich zurück ins allumfassende Wasser, und das spült es hinfort, in imaginäre Räume und ferne Flächen ...«
»Marcello, dies ist leider kein imaginärer Raum, sondern unser Grundstück.«
»Anfangs versucht der Mensch noch, die abdriftenden Dinge dieser Welt festzuhalten und herauszubekommen, woher sie stammen, er scharrt und müht sich ab, kratzt den Schmutz ab und schlägt auf spiegelndes Glas... aber sobald er sich einmal an die Geheimnisse dieser Welt gewöhnt hat, beläßt er die Dinge in ihrer Ruhe, an ihrem Platz. Schließlich betrachtet er Gestrandetes mit Vergnügen und Freude wie einen wiedergefundenen Freund ...«
Je mehr sich Marcello in diese Phantasien einlebt, um so größer wird sein Hang zum Häufen, ein Spiel. Inzwischen ist es längst Kunst geworden, was er da zusammengetragen hat, ein Beweis seiner verhafteten Art zu leben und ein Stück seiner Geschichte, verblaßte Graffiti seiner gesellschaftlichen Kaufmacht, die es zu entziffern gilt, und nicht zuletzt das wenige, das von unserem Wohlstand übrigbleibt.
Welch geheimnisvoll melancholische Wirkung haben doch aufgeplatzte Polstersessel in dieser malerischen Landschaft! Und ist mein Abscheu vor

diesen Dingen nicht Angst vor der Vergänglichkeit?

Je mehr ich mich in die italienische Realität einlebe, desto geringer wird meine Furcht vor Müll, und inzwischen gehe ich gern zu Marcello, werfe mich in den zerfetzten Sessel, trinke Wein aus einer zerbrochenen Tasse und spiele mit einem Hühnerbein. Und weil unsere Nachbarschaft ein Einanderentgegenkommen und Voneinanderlernen ist, klopft Mario, ehe er ins Dorf fährt, gern bei mir an, um zu schwätzen, und beim Reden fuchtelt er mit dem Müllbeutel vor meinen Augen herum, mit strahlendem Gesicht. »Die Frucht deiner Erziehung, Barbara – fährst du zum Müllplatz mit?«

Doch manchmal, während das Auto schnaufend den Berg hinauf zum Dorf nimmt, öffnet Marcello blitzschnell das Fenster und wirft seinen Müllbeutel hinaus.

»Herr, nimm und fürchte dich nicht!« Er gibt mir einen schuldbewußten Blick. »Weiß auch nicht, Barbara, was das ist, daß es mir ein solches Vergnügen macht, mit Müll zu schmeißen. Vielleicht, weil es zu schön bei uns ist?«

RENZO

Ich will versuchen, gebührend von Renzo zu sprechen, einem edlen Ritter der Erde, der nie ohne seine Spitzhacke zu sehen ist. Er schleppt schwer an ihr, tief beugt sie ihn hinab. Seine Verachtung für das gemeine Volk liegt in der Weigerung, je anderes als diese Hacke zu benutzen, um die Erde umzugraben, und jeder Hilfe durch Technik setzt er einen unüberwindlichen Widerstand entgegen. Allein aus seinen Händen nimmt er die Kraft, das große Terrain mit Hacke und Schaufel zu bestellen, das von allen das schönste ist; dunkel, satt, ohne Unkraut, die Oberfläche stets glänzend, feucht und gepflegt wie ein Garten, von Trockenmauern eingerahmt, wie sie nur noch Marcello bauen kann, schließlich ist er sein Sohn.

So sieht Renzo auch aus, als sei er aus der Erde geboren und kehre demnächst wieder in sie zurück, schwarz, mit faunischem Profil, düsteren, ironischen Augen, und seine Haut wird gefurchter und dunkler und erdiger von Jahr zu Jahr.

Seine Erde ist gut abgerichtet und ausgeruht und dankt es mit bestem Ertrag: Keiner hat würzigere

Tomaten, seine Trauben sind ein Geschenk, und sein Öl ist gar noch feiner als meins...

Renzo hat etwas Beunruhigendes in seiner wurzelhaften Intelligenz. Er läßt die profanen Dinge dieser Welt unbeachtet, ohne sie zu verachten. Er ist bizarr und fast gespenstisch in seiner unnachsichtigen Eigenständigkeit wie ein alter Olivenbaum. Hinter seinen langen wissenden Lidern unter schwarzgerillter Stirne lebt noch der entwaffnende Glaube an Baumgespenster, Tiermenschen und göttliche Berge, und die Erde ist für ihn voller Kanäle, Kammern und Risse wie die Steine, lebende Organismen, die gewaltsamer Eingriff schmerzt. »Sie sezieren unsere Mutter, die Erde«, faßte er es einmal in Worte, »weiden ihren goldenen Bauch aus, entjungfern den Himmel und spritzen auf die Sterne.«

In seiner früheren Tätigkeit als Bergarbeiter erblickt er eine Schändung und Plünderung aus Gier, und manchmal denke ich, ob er nicht, ehe er in den Stollen einfuhr, ein Gebet gen Himmel gerichtet hat. Doch da übertreibe ich sicherlich, denn Christliches liegt ihm fern. Tiefverwurzelt in Renzo ist der Anarchist und Heide.

Obwohl er seit Kriegsende mit Giacometta verheiratet ist, sehe ich ihn frei und ungebunden, mit der Erde viel eher vermählt. Einmal, ich benutzte einen meiner heimlichen Pfade, einen Wildschweinweg, näherte ich mich seinem Grundstück vom Wald her und kam zu dem rauschenden Bach. Es war strotzender Frühling, das Dickicht fast zugewachsen, und zwischen flimmernden Blättern erblickte ich hingetupft ein Bild: Renzo stand, in Glanz und Glorie einer Frühlingserektion, auf einem bemoosten Stein und schwenkte mit leichtem Wiegen des Oberkörper sein Glied über dem Bach, während sich seinem Mund elliptische Töne

entrangen – Rufe, Beschwörungen, Gebete, Laute der Lust?
Leise entfernte ich mich, obwohl mir der Anblick nicht unangenehm war, er hatte etwas von einem vertrauensvollen Tier. Ein Bild, das mir die Idee der Natur mit greifbarer Körperlichkeit vergegenwärtigt hat, voll geheimer unterirdischer Beziehungen, und ich hätte mich nicht gewundert, hätte er sich in alle vier Himmelsrichtungen verneigt mit seinem herausragenden Fleisch.

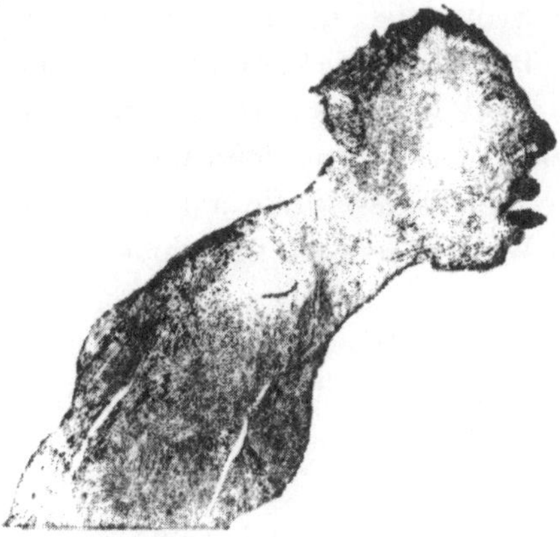

Briefe

Gandhi, der Briefträger, erklimmt die glutheiße Terrasse, auf der ich am Schreibtisch sitze, in die »Gespräche aus dem Reich der Sinne« der Surrealisten vertieft, den Grillen lauschend, die die Stille in Segmente sägen. Mit einem Schwung werfe ich das Tuch über meinen Bikini und lächle ihn an; wir tauschen Wangenküsse.

In Deutschland käme ich nicht darauf, meinen Briefträger zu küssen, hier aber ist der Kuß die Frucht einer selbstverständlichen Freundschaft, von Nähe und Sympathie, doch ohne Vertraulichkeit. Nicht nur freue ich mich, wenn er kommt und Liebesbriefe bringt – das auch; ich freue mich auf unsere kleinen Gespräche, denn immer wieder erfahre ich dabei Neues, stoße auf mir verborgene Worte und Wendungen, die ich mit seiner Hilfe zu entschlüsseln lerne.

Wie viele der hier lebenden hochbegabten Menschen hat Gandhi eine Bildung, deren Ursprung ich nie recht begriffen habe, und doch ist sein kahler Kopf ganz unverdorben. Er hat Dante gelesen, Gramsci und Machiavelli, Hesse und Frisch, Bufalino und Sciascia, Eco. Er kennt den Dialekt dieser Gegend und ist erfüllt von ihrem Leben.

Vielleicht liegt das Ursprüngliche seines Sprachverständnisses in seiner Liebe zu Briefen, denn er ist Briefträger geworden wie sein Vater und sein Großvater und weiß, daß das, was die Menschen rettet und sie verzweifeln läßt, auch in den Briefen steht, im Wechsel von Gesagtem und Ungesagtem, von Geoffenbartem und Verschwiegenem. Er kennt das Beschwörende stets aufs neue wiederholter Formeln und erforscht die Geschichte der Wörter, und aus seinem Mund kommt eine Liebe zu so einfachen Begriffen wie Rose und Taube, Sonne und Gras.

Als Gandhi mich das erste Mal zum Essen einlud, das er, seit die Mutter gestorben ist, täglich für sich und seinen Vater kocht, fiel mein Blick mit Erstaunen auf sein fünfbändiges etymologisches Lexikon, und seitdem werden wir nicht müde, Stunden davor zu verbringen, nachsinnend über das Schicksal der Wörter, das für eine Weile in ihrer Geschichte aufleuchtet und wieder verlöscht – sie verjüngen sich und altern wie wir. Aber wäre Schweigen nicht manchmal besser als viele Worte? fragt Gandhi dann leise.

Doch so klug Gandhi auch ist, so naiv ist er geblieben. Angeregt von meinem Sinnenbuch sprechen wir über die Sinne, die Untersinne und die Übersinne – so etwas wie die Fühler von Seeanemonen, die wir im geheimen aussenden –, und um meinen Sprachschatz zu erweitern, frage ich nach dem Wort für Sinnenwelt. *»Mondo fisico«*, sagt mein kahlköpfiger Lehrmeister und macht eine Geste, als fasse er mit seinen Armen das Bündel aller Kräfte zusammen.

Ich hebe den Kopf und lache ihn an. »Ah«, sage ich, »wie bei uns: Sinnen-welt.«

Eine Gefühlsverwirrung verändert seine Züge, und er schüttelt den Kopf. »Ich kann deine Meinung nicht teilen, Barbara«, sagt er, *»mondo* und *fisico,* das kapiert jeder – das Italienische ist schlüssiger und einfach zu verstehen. Wer aber zum Teufel versteht *Sinnenwelt*?« Ich muß lachen.

Doch im Bereich des Wissens um Briefe kann es niemand mit Gandhi aufnehmen, und wenn er weiß – und er weiß es –, daß er mir einen Liebesbrief gebracht hat, strahlt er wie ich.

»Briefe«, sagte er einmal, »sind wie Vögel, sie flattern ins Herz oder ziehen hinab in den Abgrund. Briefe auszutragen ist eine Entdeckungsfahrt ins Innere der Menschen...« Einmal, im weißen Reitkostüm, brachte er mir gar zu Pferde meinen Liebesbrief und die »Süddeutsche Zeitung«.

Ob er auch manchmal Briefe bekomme, habe ich ihn gefragt, ab und zu? Und er hat traurig verneint. Deshalb schreibe ich ihm manchmal von zu Hause, wissend, daß ihn das freut.

»Danke für den Brief«, sagt er dann, »ich habe ihn ausgetragen, zu mir selbst. Ich kann Briefe austragen und Briefe bekommen, doch schreiben kann ich sie nie. Das ist dein Beruf.«

Mario

Ich muß nur Mario, klein und mit sichtbaren Flügeln auf dem Rücken, um Hilfe bitten, und er bedankt sich mit überschwenglichen Worten, weil ich ihm Gelegenheit gebe, seine Fähigkeiten zu beweisen. Denn er kann schweißen, Leitungen flicken, den Baum beschneiden oder pfropfen, die Heizung in Gang bringen oder der Vespa den richtigen Tritt geben, damit sie anspringt. Und immer findet er mit leichter Handbewegung etwas unter seinem Gerümpel, das er dafür brauchen kann: eine kleine Schraube, ein Gewinde, ein Stückchen Draht oder Schlauch, ein Rädchen. Dabei überschlägt er flink, was ihm jetzt nicht von Nutzen ist, und räumt es von einem Haufen auf den anderen, manchmal bleibt er an einem unbestimmbaren Gegenstand hängen: aaaah! Den steckt er für alle Zeiten in seine Tasche, bis ich eines Tages belehrt werde, daß das weitsichtig war: spätestens dann, wenn dieses Ding bei mir benötigt wird. Denn damit das Leben weitergehen kann, braucht man diese kleinen Sachen.

Geht mein Auto kaputt, ist mir auf geheimnisvolle

Weise ein Tag gesellschaftlichen Lebens vorbestimmt. Denn kaum ist Marios Haupt unter der Motorhaube verschwunden, hält einer, der vorüberfährt, auch er mit kleinen Flügeln behaftet, ergreift die Gelegenheit beim Schopf, und die Sache wird komplizierter. Nun sind es zwei, die über der Verweigerung dieses Fahrgeräts rätseln, die Köpfe am Kühler, bald sind es drei, und ich beeile mich, Wein zu holen.

Nun will keiner mehr eine Antwort wissen, denn der männliche Genius, auf den ich hoffte, entzündet sich am Disput. Ein lebhafter Austausch widersprüchlichster Meinungen, Mutmaßungen und Hypothesen, eine Aneignung dromologischer Theorien. Je mehr Männer sich an den Phänomenen der Technik entzünden, desto ausschweifender gerät das Ganze zur Philosophie. Bald gibt es keine Frage menschlicher Fortbewegungsfähigkeiten mehr, auf die nicht eine Antwort gesucht wird, vom Satteltier bis hin zum Astronauten.

Mario räumt weder Handwerkern noch Mechanikern eine dramaturgische Funktion ein, allein sich selbst. Mit wachsender Sorge sieht er einer Gesellschaft entgegen, die nur noch nach professionellen Griffen schreit.

In Ruhe nimmt Mario alles auseinander und setzt es wieder zusammen, fast mit Genuß. Einzig die Unauflösbarkeit eines technischen Rätsels kann ihn erbosen, etwa dann, wenn es ihm partout nicht gelingen will, die Wege der unterbrochenen Stromleitung, im Inneren der Mauer verlegt, zu rekonstruieren. Mit wachsendem Unmut fährt er den vermuteten Verlauf mit dem Finger nach, unterzieht Anfang und Ende einer eingehenden Prüfung, sammelt all diese Informationen in seinem Hirn, verwirft und fixiert erneut: was nur, beim Bacchus, hat sich der Schöpfer dieser Leitung gedacht?

Plötzlich erhält er von oben den ersehnten Fingerzeig und schlägt sich mit der Handfläche gegen die Stirn. »Ich hab's!« ruft er erleichtert. Er schlägt genau an der richtigen Stelle ein Stück Mauer heraus und flickt die Leitung, »Hermes sei Dank!«

Er lächelt, wenn es vorbei ist, mit Bedauern, weil alles, auch ein Fehler im Universum, einem geheimen Plan folgt und seine Berechtigung hat. Er schüttelt jenem, der diese Leitung angebracht hat, über Lichtjahre hinweg die Hand, dankbar für diese Denkaufgabe, die ihn geistig beflügelt.

Ehe er die Türe hinter sich schließt, macht er noch einmal kehrt, wiegt den Kopf und sagt: »Was du nur immer für vertrackte Männer hast, Barbara, Hut ab vor ihren verschlungenen Wegen!« Und er geht ab, mit flatternden Flügeln, voll Stolz. Ein Sieg ist ihm gelungen, nach einem Kampf ohne Blut: »Bis jetzt bin ich noch jedem auf die Schliche gekommen.«

Giacometta

Sie bewegt sich vorsichtig auf weit gegrätschten Beinen, als würde sie sonst etwas verschütten, in der Hand das Knäuel, wenn sie das Bett mit dem Stuhl vertauscht, und spricht über das Enkelkind, über Krankheit und Tod mit kindlichem Blick. Sie ist blaß und fett und durch und durch schadhaft.

Sieben Operationen hat Giacometta hinter sich, und ihr Körper ist eine einzige Narbe, mit Kreuz- und Quernähten unterteilt und mit Stichen übersät. Innen fehlt gar manches, anderes ist gekappt oder ersetzt, und ihre Eingeweide sind von einem Kunststoff zusammengehalten, der manchmal reißt, weil sie sich weiter ihrem Laster ergibt, dem unmäßigen Essen. Denn während Renzo, ihr Mann, mit einer frischen Knoblauchzehe, Brot und Tomate zufrieden ist, lebt Giacometta mit offenem Mund: schluckt alles, was es zu finden gibt, Dolci und gebratene Tauben. Ein Körper, an dem mancher verzweifeln würde, doch sie spricht gern davon, nicht ohne Stolz: niemand im Dorf, der so oft geöffnet wurde, das muß man ihr lassen.

Einmal, wir waren allein, hat sie ihn mir gezeigt. Sie stand vor der Hütte im Sonnenlicht und lüpfte das Kleid: ein zerklüfteter geschundener Körper, malträtiert von Skalpellen und Pinzetten, von Speisen und Tabletten vergiftet, verwüstet und zerschürft, verformt und mißbraucht.
Melancholisch blicke ich sie an, und für einen Augenblick erscheint mir ihr Körper nichts anderes als eine Fläche, mir etwas mitzuteilen, ein Menetekel, präsentiert nicht ohne Erhabenheit und Würde.

APE

Ein beglückender Einfall der Autoindustrie, ganz nach italienischem Geschmack: eine Art Dreirad mit Gehäuse und kleiner Ladefläche, vorzugsweise in Orange und Dunkelblau, geeignet, ein Ehepaar und zwei Schafe zu befördern oder drei Säcke Oliven, unerläßlich fürs italienische Landschaftsbild, ob in Aktion oder als Wrack.

Den Bauern erfüllt es mit Stolz, wenn er, ohne Führerschein, den frisierten Motor hochjagen darf, mit summenden Tönen (deshalb, oder wegen des Bienen-Gesichts, des Bienenfleißes, der Name?), um selbst auf unzugänglichen Grundstücken zu landen. Oft braucht es einen halben Tag, um damit ans Meer zu gelangen. Man sieht die Ape selbst im Verkehrsgebraus der Städte, gar vereinzelt auf der Autobahn, von Hupen umbrandet.

Wenn man sich einmal in die Ape hineingepreßt hat, ist man vor Zwischenfällen keinesfalls sicher. Als erprobte Beifahrerin empfehle ich für Frauen eine Art Rüstung: einen Schild (falls nicht vorhanden, Hut oder Korb), welcher verhindern soll, daß der Bauer beim Lenken und Schalten Ihre Brust attackiert. Ein wenig Beweglichkeit genügt, die Tricks zu durchschauen, denn während Ihrer Reise werden Sie stets raffinierten Angriffen ausgesetzt sein. Ziehen Sie in jedem Fall einen gutsitzenden BH an: ansonsten müssen Sie schmerzhafte Stöße über sich ergehen lassen, denn die Ape durchschüttelt Sie jämmerlich. Zu dritt fahren Sie nur in äußerster Not: sie müßten zuviel Zeit damit verbringen, Ihre Glieder zu schichten. Zudem wird sich herausstellen, daß Ihnen der Mittelplatz gilt: zwischen dem Zugriff des Bauern und dem Bauch seiner Frau, und es wird Ihnen nichts anderes übrigbleiben, als um jeden einen Arm zu legen, sonst drückt man sie tot. Außerdem ist das alles verboten.

Mein Granatapfelbaum

Mein Granatapfelbäumchen im Garten dämmert vor sich hin und kehrt all meinen Rettungsversuchen den Rücken zu. Ich habe seine kurzstieligen hellgrünen Blätter mit den Fingern berührt, habe seine Wurzelrinde umfaßt und seine scharlachroten Blüten geküßt, ohne Erfolg, habe Hera angerufen und Aphrodite – es grassiert weiterhin diese Seuche, die es mir zu nehmen droht. Schon ist ein großer Zweig befallen, und am zweiten sterben die Ästchen, sein Tod scheint vorherbestimmt.

Gestern stieß es mich aus meinem Paradies hinaus, und niedergedrückt ging ich zu Esimio und klagte ihm, daß der Stamm faule, und im granatroten Fleisch der Früchte zögen die Würmer ein.

Esimio besuchte den Baum, betrachtete die Zweige, beugte sich beflissen zum Stamm, horchte ihn ab und sagte: der Baum hat genug Ableger, hier, die laß stehen und beschneide den Zweig, in Kürze blüht er dir wieder, denn er bringt Liebe und Segen.

Der Etrusker

»VETNE TAIA RUMAN ETPAM CULICNAS CHEPÈRE.« – Ich sitze wohlig aufseufzend und rosig in den heißen Quellen von Petriolo und genieße das Alleinsein. Und dann horche ich auf: was ist das für eine Sprache?

Mir gegenüber, von Nebelschwaden umhüllt, taucht aus dem rauschenden Wasserfall ein unheimliches Wesen auf, mit einer weltumfassenden Geste wie ein Phantom aus der Unterwelt, von tiefster ungeheuerlichster Schwärze, einen tropfenden Lorbeerkranz in die Stirn gedrückt und ein weißes Jesustuch um die Lenden, lang und schwarz behaart, das Gesicht vom Bart eingekreist, bis auf die brennend dunklen Augen, ein schwarzes Lächeln um den Mund. Er vollführt mit der Rechten in den Nebeln einen mir fremden Gruß: »LARTH THUMES CLAN«, er verneigt sich, »Larth, der Sohn des Thume, der letzte Etrusker.«

Das ist, ich muß es gestehen, etwas, das ich nicht erwartet hatte, und für Könige habe ich einen Blick. Ich fühle mich unwürdig und ungeeignet, mich diesem Nachkömmling jenes in Dunkel gehüllten

Volkes zu stellen. Die Landschaft der Toskana beugt sich stolz vor diesen imposanten Vorfahren mit ihrer alten und eigentümlichen Kultur, ihren Marmorbrüchen, Erzminen, Gießereien, Grabstätten und ausgegrabenen Städten. Die Reste tuskischer Wasserbaukunst sind auch hier in den Thermen zu sehen.

»Barbara«, ich neige den Kopf und lächle ihn vorsichtig an. Jetzt spricht er nicht mehr, sondern erhebt sich voll aus den Wassern, den Rücken mir zugewandt, und betrachtet in einem Spiegelscherben sein dunkles Gesicht. Erst jetzt entziffere ich auf den Steinen, was ich für Abfall hielt, seine löchrigen Socken, ein Trinkglas, eine Flasche mit Wein, ein Tuch von dunklem Mauve, ein Paar ausgelatschter Schuhe, ein langes Gewand und eine Zeitung, einen dickgoldenen Armreif und ein Stromaggregat.

»Woher beherrschen Sie diese rätselhafte Sprache«, frage ich, hinter zweifelhafter Selbstsicherheit versteckt, denn die außerordentliche Härte seiner Wortmelodie mit ihren gehäuften Konsonanten läßt unschwer Rudimente etruskischer Sprache erkennen, also entziffert dieses Wesen gar Hieroglyphen …?

»Ich bin ein etruskischer Königssohn und Priester«, sagt er ernsthaft, und diese bestimmt hervorgebrachten Worte geben seiner doppelsinnigen Erscheinung einen wehmütigen Akzent. Er füllt ein Glas mit Wein und kommt durch Fluten und Nebel auf mich zu, ein Königssohn, der weiß, was er seinen Göttern schuldig ist.

Sein Blick aus nachtdunklen Augen läßt mich erschauern, ich fühle mich plötzlich woanders, in einer anderen Zeit. Dankend nehme ich das Glas und trinke, er lächelt mit schwarz verfärbten Zähnen. An meiner Haltung erkennt er den Untertanen und geht beruhigt an seinen Platz am Wasserfall zurück.

Es ist überwältigend und beängstigend zugleich, mit einem so hohen Etrusker zusammenzutreffen, denn das Göttliche, in welcher Form auch immer, verwirrt: »Die Himmel sind eine Sieben«, sagt der Mann, »drei für Mania und vier für Matuta. Aber Janus sagt: der Lust sind zwei.«
Mit einer ganzen Schar geheimnisvoller Dinge wartet er mir auf, nur wenige unter den etruskischen Nachkömmlingen wissen über ihre Religion und Zahlenmystik Bescheid... Er aber schwingt sich zu den finstersten Rätseln auf, und erschauernd, trotz sengender Fluten, gedenke ich roher und grausamer etruskischer Gebräuche, nicht selten mit Menschenopfern verknüpft.
Gleichwohl vermag ich nicht, meine Augen von diesem Unterweltsgott zu lösen, und ich stütze meinen Nacken unter Wasser mit einem rundgeschliffenen kalkweißen Stein wie mit einem Kissen.
In dieser Lage kann ich das Fundament seiner mystischen und magischen Anschauung besser vernehmen, und er berichtet mir vom Dämon namens TAGES, der, in einer Ackerfurche entdeckt, ein Kind an Jahren und Gestalt, aber grau an Weisheit, ihm die Geheimnisse von Vogelflug und Hühnerfraß erklärte: »Aber dreizehn ist wirklich zuviel.«
Ich widerspreche keinesfalls, denn der Mann ist groß und stattlich dazu, bei Göttern weiß man nie. Vielmehr tue ich mein möglichstes, ihn zu ermuntern und mit Worten und Blicken mein Interesse zu bekunden, damit er in seiner unbegrenzten Göttlichkeit verbleibt.
Schon hat sich die Dämmerung über die einsamen Wälder und Höhen gesenkt, denn die heiße Quelle liegt tief in der dunklen Schlucht, und am Himmel zeigen sich blasse Sterne. Inzwischen setzt mir das Wasser zu, gepaart mit dem Wein, meine Schleim-

häute, von feinen Blutgefässen durchzogen, schwellen schmerzend an, mein Herz klopft wild, schon werde ich seltsam müde, von Schwindelschwaden übermannt.
So tauche ich langsam aus den Krypten hervor, dem Wasser meiner Peinigung, ganz rotgesotten, und während ich noch überlege, mit welch wohlgesetzten Höflingsworten ich mich entferne, hilft TAGES, der etruskische Gott, auch mir: ein Sternenblitz kommt ungebremst auf uns zu, und ein vervielfachter Komet fällt herab. Mein Etrusker verneigt sich ehrfurchtsvoll, und ich entsteige leichtfüßig dem Wasser.
Bei meinen Kleidern angekommen, entdecke ich daneben ein kleines heiliges Huhn, sieben Eingeweide angeordnet nach finsterstem Prinzip, undurchsichtige Auspizien. Und leise und überstürzt, die Kleider im Arm, laufe ich davon, das Kreuzchen um meinen Hals gibt meinen Füßen Kraft: die Himmel sind sieben.

DIE ARBEITSLOSEN

In der Bar erfüllt sich das melancholische Schicksal der jungen Arbeitslosen, wo sie fast unbeweglich dasitzen, dem unfreiwilligen Nichtstun ergeben, und die Fliegen lassen sich ungestört auf ihren untätigen Händen nieder, ehe sie den Rest des Zuckers aus den längst leergetrunkenen Cappuccinotassen saugen.

Sie beobachten, was sich am Himmel abspielt, manche überfliegen schweigend die Zeitung, ihr eintöniges Brevier. Vergeblich ihre Schulbildung, die Lehre, ihre Hände sind ohne Spuren einer Arbeit. Sie blättern geduldig, und in ihren Herzen breitet sich Trostlosigkeit aus angesichts steigender Erwerbslosenzahlen. Bei dem Gedanken, daß es für sie keine Arbeit mehr geben wird, frösteln sie trotz der Hitze und ziehen die Jacke eng um den Leib.

Verhindertes Leben, und alles, was dazu zu sagen ist, ist längst gesagt. Sie wissen, Abhilfe ist nicht zu erwarten, es kommt eher noch schlimmer, und sie haben Glück, daß sie auf dem Land leben und nicht in der Stadt, denn hier hilft die Familie.

Deshalb sitzen sie da und warten auf die Berufstätigen: die sorgen sich noch um die Welt und ihre Kinder, und was in den Zeitungen steht, wühlt sie auf. Doch wenig später sind die Arbeitslosen wieder unter sich, zusammengerottet sitzen sie vor der Bar, und die Hand umklammert das leere Glas. In ihrer Haltung verbirgt sich eine Aufforderung zur Veränderung, doch sieht das nicht jeder.

ZEIT

Wer auf Vittorio wartet, der ist verloren, denn für ihn ist Zeit etwas, das er längst vergessen hat. Vielmehr ist Vittorio der Meinung, daß er einen unbegrenzten Tag vor sich habe, an dem er stundenlang in die Maremma starren kann oder auf einen Schmetterling, einen Kaffee trinken kann oder ein Glas Wein, an dem er ein Pläuschchen halten kann. Nie hat er es eilig, und er wartet auf nichts.

Es kommt vor, daß Vittorio Stein und Bein schwört, um sieben Uhr sei er da, daß man sich müde erhebt, mit noch geschwollenen Augen. Und so bleibt man dann sitzen, den ganzen Tag. Für die Fremden jedenfalls ist Vittorio eine einzige Unzuverlässigkeit, denn ihre Häuser bleiben ohne Armaturen, Gasöfen oder Heizung, sie besuchen einander und klagen: Sie haben ihm nie getraut, diesem Vittorio!

Doch wenn Vittorio den kühnsten Vorstellungen die Stirn bietet, ist er plötzlich da, die neuen Installationen werden montiert, warm sprudelt das Wasser, und die Heizung heizt probeweise im August die Zimmer auf vierzig Grad. Die Zeit steht still, und

Vittorio hebt an zu singen, – ein blendender Gesang, als käme er direkt aus der Sonne.
Dann springt er davon, die Taschen voll Geld, rechts und links die Zeit, die ihm entgleitet, und er singt von der Kunst, sich von ihr zu lösen, doch das hören wir nicht.

ITALIANISSIMA

Sie ist ein sanftes Geschöpf und die Dorfschöne, Michelangela, die Milchverkäuferin, doch keinesfalls provinziell. Vielmehr ähnelt sie in ihrer Erdhaftigkeit, verbunden mit Charme, mit ihrer dunklen Haut, den Kastanienaugen und diesem Lächeln aus leicht aufgeworfenen Lippen ein wenig Claudia Cardinale, temperamentvoll und von äußerster Lebendigkeit, dabei durchaus normal. Sie hat einen eigenen Milchladen aufgebaut, in den auch die Männer gerne kommen, verkauft mit einem Lächeln Eier, Ravioli und Käse.
Wenn ich sie sehe, verspüre ich eine angenehme Wärme, die von ihrer erotischen Kraft ausgeht, eine weiche Aura, die sie wie eine Gloriole umgibt, voll unendlicher Sanftheit. Schon ihre Stimme ist wie Sekt mit Sahne, und die viele Milch, die sie mit ihrer Milde einhüllt, sickert in meine Nase mit ihrem bäuerlichen Geruch, dem Geruch der Gnade. Rings um sie nehmen alle Frauen ohne zu murren den zweiten Rang ein, den ihnen ein ungeschriebenes Gesetz zuweist.
Michelangela wurde so geboren, denn ich erinnere

mich, daß sie schon als kleines Mädchen eine betörende Anmut verströmte, und ich habe keinen Zweifel, daß diese sinnliche Kraft auch über das Gemeine des Alterns triumphieren wird.
Die Männer können sich an ihrer Erscheinung nicht sattsehen, seht nur, sagen sie, wie schön sie heute ist! Doch mit dem gemeinen Wort »Bella« belegen sie sie nicht, sie nennen sie voll Stolz Issima, die Abkürzung von Italianissima, und sie wird sterben mit diesem Zeichen.

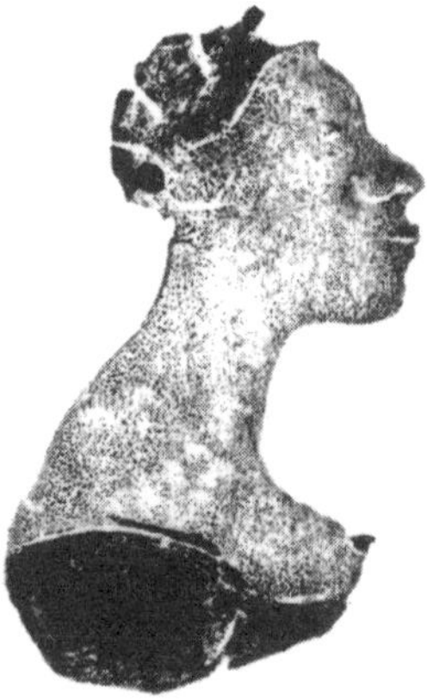

TRISTEZZA

Das reine Licht läßt das Gesicht meines liebenswürdigen Gefährten für einen Sommer aufleuchten, wenn er mich kommen sieht, wie ich aus dem Unterholz hervortrete, meinem Schleichweg. Seine Augen strahlen mit einer Kraft, die einen Stein zum Schmelzen bringen würde, und ohne ein Wort nicke ich ihm aus der Entfernung zu und gehe an seinem Häuschen vorbei zum Wald. Dort, an einem riesigen, bemoosten Stein, unter lichten Bäumen, ist unser Liebesnest, von dichtem, großblättrigem Efeu umrankt, auf sandigem Boden.

Ich sauge diese Liebe in mich ein, zu einer Zeit der Trennungs-Kümmernisse und Kämpfe mit mir selbst, des mangelnden Vertrauens. Der fiebrig heiße Wind, der Duft der Bäume, die dornigen Spuren an Arm und Bein, der rote warme Wein, den Marx aus seinem Beutel zaubert, all das pinselt mir eine Liebe hin, die anders ist als andere Lieben, sanft, mit Tränen, von den eigenen Stacheln wundgerissen, und all dies speichere ich in mir auf, für später...

Ich fühle, daß es gut ist, mit diesem einfachen jungen Mann mit dem seltsamen Namen, und ohne viele Worte vollzieht sich unsere Begegnung zweier Welten, eine Zärtlichkeit ohne Schrecken, ein Einverständnis simpelster Art.

Ich habe mir nie gesagt, was, dieser einfache Mann? Seine milde Präsenz hat solche Gedanken erst gar nicht entstehen lassen, seine ihm eigene Ruhe, seine Sanftheit und Intuition. Nie beeilt er sich mit der Liebe, immer haben wir Zeit, trotzdem hat er schnelle Reflexe, fast wie ein Tier. Er ist ein Mann vom Land, und wenn es im Unterholz knackt, hebt er lauschend den Kopf, er schnappt sich die Mücke, ehe sie mich sticht. Er ist vertrauensvoll und diskret, von unseren Ehegatten sprechen wir nie, unsere Moral läßt das nicht zu.

Er erstaunt mich durch seine präzise Art, das Wetter vorherzusagen, die Wirkung der Winde, und der Blick, mit dem er die Natur umfaßt, ist bezaubernd und äußerst genau.

Seine Gegenwart tut mir so wohl wie eine Katze, die sich auf meinen Schoß setzt, mit warmem knisternden Fell. Er ist bescheiden und melancholisch und voller *Tristezza* und voller Lieder, und wenn er mir von seinem qualvoll sterbenden Vater erzählt, den er zu Hause hat, weinen wir ein bißchen zusammen; er ist liebevoll und aufmerksam – ein latin lover ist er wirklich nicht…

Ein Mann vom Land, der über seine Intuition ganz selbstsicher und selbstverständlich verfügt, er kennt es nicht anders, er hat nie etwas falsch gemacht. Kein einziges Mal mir wehgetan, mich nicht verletzt, und alles, was er tat, tat er mit großer Ruhe und Bedacht. Manchmal bekümmert ihn das Ausmaß seiner Unwissenheit, und er spöttelt: »*Siamo tutti ignoranti*…« Doch das kann er mir nicht einreden, bei diesem Ahnungsvermögen und

dieser Würde. Nie versuche ich, mir dieses Geheimnis unserer Sommerliebe zu erklären, so ohne Wunsch nach Dauer und Vollendung: es ist gut so, wie es ist, lindernd und unendlich angenehm.
Bemerkenswerterweise hat der deutsche Mann vor dem italienischen Angst, er diffamiert seine Liebhaberfähigkeit und gaukelt uns heiße Praecox-Lover vor, miauende südliche Kater, und wenn ein Italiener bei einer Frau erfolgreich ist, lächelt er ironisch in sich hinein – eine recht unintelligente Manier, mit dieser Konkurrenz fertig zu werden, die ihm zu schaffen macht. Heute weiß ich, daß der Beruf des Mannseins seine eigenen Lügen hervorbringt, und ich schenke dem keinen Glauben. Sie lieben die Härte immer noch, die deutschen Männer, vor lauter Entschlossenheit, Leistung, Unbeugsamkeit und Gefühlsunterdrückung wie zerrissen, und die Sanftmut meines Liebhabers, seine Zartheit, seine Traurigkeit würden sie verdammen. Inzwischen fühle ich manchmal gar einen Argwohn gegen intellektuelle Männer, eine feine Animosität, und auf die Gefahr hin, als Romantikerin gescholten zu werden, lobe ich mir meinen einfachen Mann (doch bin ich keine Idealistin, ich weiß wohl, was uns trennt).
Mein Schicksal in Italien: immer wieder Gespräche über Liebe, Tod und Teufel, und mit Marx, meinem traurig-sanften jungen Mann, erst recht – da ist er ein anderer, ist fordernd, übermütig, wie berauscht, von Unruhe erfaßt. Ob Prostitution, Ehebruch, Homosexualität, Drogen, Inzest, Pubertät und Klimakterium, Gedärme und Geschlechtskrankheiten, Nekrophilie oder Masturbation – kein Thema, das er überspringt beim Kirschenpflücken unter dem riesigen weitästigen Baum, beim Olivensammeln oder Spazierengehen auf geheimen Wegen im Wald. Auch ganz frühmorgens, wenn ich ihn, fast

noch im Dunklen, begleite, flüstert er mir, unersättlich in seinem Wissensdurst und nie einer Thematik überdrüssig, seine Fragen zu. Warum das Verbot, die Tochter zur Geliebten zu nehmen, besteht, wie Lesben Liebe machen, warum es in Deutschland fast nur Homosexuelle gäbe (Fluch eines Spiegel-Titels, im »Espresso« übersetzt), warum die Schwarzen die Klitoris beschnitten, ob mich Liebe abstieße während der Menstruation, ob ich es möge, wenn man den Fingernagel unter meinen schiebe und ob ich Dildos kenne, ob ich mal eine Frau geküßt hätte und ob ich Hintern liebe? (Wie alle Italiener ist auch Marx ein frenetischer Arschfetischist – der Weg, die Mutter zu umgehen.) Weit davon entfernt, Scham zu empfinden, genießt er unsere freundschaftliche Intimität, um in unseren Gesprächen seine instinkthafte und vitalistische Liebessicht zu formulieren.

Hier liegt das Geheimnis der nationalen Physiognomie des italienischen Mannes begründet, in seiner umfassenden Neugierde an allem, was lebt und leibt und liebt – um so ausladender, je enger die Familienverhältnisse sind. Für ihn ist der sexuelle Mensch nichts Abstraktes, sondern wird anschaulich als Fleisch und Blut erfaßt, kreuz und quer von Gelüsten natürlichster und »widernatürlichster« Art durchzogen, und der Wunsch nach Vermehrung seines Wissens treibt seine Gedanken an. Dabei betrachtet er mich aufmerksam, wie ein Kind sein erstes Bilderbuch, und schlägt mich auf, Seite für Seite – mich, »eine Frau mit Erfahrung, die die Welt kennt«, da muß ich lachen. Und immer wieder seine belustigte, manchmal hilflose Miene, sein Achselzucken und Staunen angesichts der Verirrungen dieser Welt, ihrer Sümpfe und Kloaken, doch weder entdecke ich Verachtung oder Abscheu noch eine heuchlerische moralische Regung. Im Aufwallen seines umfassenden Interesses macht Marx längst nicht mehr halt vor geistigen Bereichen, und wir tauschen uns nun über Sehnsüchte, Prüderien, Scham und Begierden aus, die Geheimnisse der Liebe und des Begehrens, Abschweifungen in eine für ihn unerforschte Welt. Hier wird es für mich erst richtig interessant, denn mehr als Dispute über reine Körperlichkeit beschäftigen mich seine mitunter feinen, verführerischen Gedanken.

Ich will nicht verheimlichen, daß ich diesen Gesprächen auch nach dem Ende unserer Sommerliebe noch fröne, direkt und rückhaltslos, und seit dem Sterben seines Vaters berühren sich die Themen Liebe und Tod. Marx ist reifer geworden, und manchmal sucht er gar Transzendentales. Nie gibt er sich Mühe, seine Trauer zu verbergen, wenn er sie fühlt, und so manches Gespräch endet tränenreich. Aus meiner Sommerliebe ist Freundschaft geworden, ein wahrhaftes Interesse an diesem lauteren Menschen, den ich gleichwohl liebe, nur anders, mild und ungezwungen; vieler Worte bedarf es nie, daß wir einander verstehen. Manchmal zieht er das Sterbebildchen aus der Tasche und liest mir das Zitat aus der Bibel vor, erzählt von den Gesprächen mit seinem Vater, die er weiterführt, beim Graben, Ackern, Pflügen, beim Holzhacken im Wald.

Manchmal essen wir gemeinsam in seinem Häuschen. Er tischt mir auf und schneidet mir das Fleisch wie eine Mutter, glückstrahlend, weil mir das Essen seiner Frau so gut schmeckt. Ach, wie liebevoll er es mit mir meint, wie aufmerksam, von keiner Etikette angekränkelt. Da kann es schon manchmal sein, daß ich mit einem kleinen Seufzer an unsere Liebe denke, und ich nehme seine Hand.

»Schade«, sagt er dann traurig, denn er hat mich

verstanden, »es ist vorbei. Aber ich freue mich über den Mann deiner Liebe, du weißt.«

»Wirklich?« fragte ich, und ich freue mich auch. Und er sagt ohne Groll und falsche Bescheidenheit, die Lider senkend: »Ich hatte dich liebgewonnen, trotz der Unterschiede, die zwischen uns bestehen – sie haben mich immer ein wenig traurig gemacht. Jetzt hast du ein anderes Dasein, und das ist richtiger für dich.«

IM HOSPITAL

Als Beppe aus Montemassi unter die Motozappa geriet, die ihm beide Beine bis auf die Knochen entfleischte, und ins Krankenhaus kam, besuchte ich ihn dort, in einem alten Schloßbau mit riesigen Gewölben, vollgestopft mit Menschen und dröhnend vor Gebrüll, unbarmherzig von widernatürlichem Neonlicht erleuchtet. Wie viele Menschen in diesem mittelalterlichen Saal untergebracht waren, war nicht auszumachen. Jedes Bett von Angehörigen aller Art umringt, Müttern, Vätern, Brüdern, Schwestern, Kindern, Onkeln und Tanten, und alle hatten sie etwas zu essen mitgebracht, einen Kochtopf oder eine Kasserolle, Gläser und Flaschen, Tüten und Dosen, selbst ein Zeitungs- und ein Eismann gingen durch den Raum und boten ihre Ware an. Mit dem Eis in der Hand ließ Beppe die Arztvisite über sich ergehen. Dabei herrschte eine Luft, daß es einem die Kehle zuschnürte, nach Knoblauch, Menschendunst, Jod und Zigarettenqualm, denn Besucher und Kranke rauchten wie verrückt, während ein Fernseher und zwei Radioapparate lauthals liefen,

und in einer Ecke wärmte gar eine Frau die mitgebrachte Polenta auf einem Kocher.
Beppe weinte über seine kaputten Beine und warf die Kippe in eine riesige Tüte mit Abfall. Schon kamen Arme, ihn zu wiegen, Gesichter, die sich an ihn schmiegten, ein Kind, das ihn küßte, eine Nachbarin gab ihm ein Glas mit Spumante: Das Leben geht weiter, *sempre avanti!* Diese Verschmelzung von Tatkraft und Mitleid, diese unendliche Menschlichkeit... Als ich ging, um zwölf Uhr nachts, war Beppe eingeschlafen – mit Spielzeug geschmückt und einer Blume am Ohr, ein Blechnapf stand gut gefüllt unterm Bett, auf dem Nachtkästchen Huhn und Gebäck – im Tumult versunken.

MISSWAHL

Die Blicke der Mädchen, die im grellen Scheinwerferlicht ein Halbrund bilden, beschäftigen sich nur mit sich selbst und ihrer Wirkung, umrahmt von Streichermusik. Der Moderator zieht mit Ausrufen der Bewunderung von einer zur anderen, kostet sie und fügt da ein bißchen Zucker, dort ein bißchen Paprika hinzu, bis auch die Unreifen schäumen. Schließlich sind sie bereit, im Bikini den Laufsteg zu beschreiten, mit flachem Bauch und hochgelobtem Nabel. Ihr Anblick steigt den Männern da unten in den Kopf, und sie vergleichen mit feuchten Blicken, brüsteberauscht.

Die Gewinnerin, Miss Abruzzi, geht von hinten los und bewegt sich nach vorn, um die Huldigungen entgegenzunehmen, mit honigsüßem Lächeln und blondgewelltem Haar. Ihre Schritte auf diesen Koturnen werden unsicher, sie stolpert, fällt und schreit: *Merda!* endlich nah ihrer wahren Gestalt.

Siesta

Wirklich, man kann das lernen, dieses Ermatten zu bestimmter Stunde. Die Sonne wirkt grell und verbraucht, das allzu viele Licht schmerzt hinter den Augen und zieht die Lider herab. Das eigene Fleisch ist schwer, wie aufgeweicht, durchdrungen vom Wunsch, sich aufzulösen, wegzufließen in selbstvergessene Gefilde der Dunkelheit. Jede Möglichkeit der Aktivität scheint ferne, das Leben füllt sich mit Gleichgültigkeit

Etwas Paradiesisches liegt in der Siesta, ein Rückzug ins abgedunkelte kühle Zimmer, eine Befreiung von jeglichem Treiben, zurück zur unschuldigen Beziehung mit uns selbst, in den Mutterleib. Der Magen ist gesättigt, beschäftigt mit verödender Verdauung, in den Gliedern schlummernde Sinnlichkeit.

Unser Blick umfängt einzig den Schatten des Raumes, die herabgezogenen Jalousien, von der flirrenden Sonne in rötliches Licht getaucht. Von draußen erschallen die geisterhaften Instrumente der Zikaden, die nach ein paar Takten enden, als sei ihnen die Luft ausgegangen, um erneut anzuheben mit ihrem rhythmischen Geschabe. Alles scheint zum Aufhören zu neigen, unsere Bewegungen, unsere Aufmerksamkeit, unser Sauerstoffaustausch, unser Herzschlag, unsere Überzeugung und unser Wille, wir fallen ins Leere.

Noch einmal bäumen wir uns auf, aber diese Berührung mit uns selbst bringen wir nicht zu Ende, kraftlos, fast schluchzend vor Hinfälligkeit sinken wir endlich in einen arabischen Flötenschlaf, eine süß vibrierende schweißfeuchte Zeit, die sich über den Rest des Tages spannt wie ein zitternder Tarlatan, die uns noch einmal ein Aufwachen, unsere Geburt beschert, den wehmütigen Übergang aus einer anderen Welt.

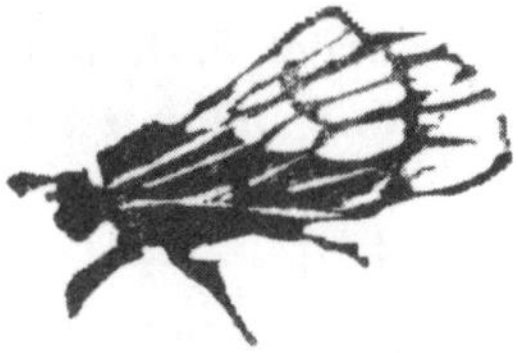

Anima und Wein

Meer, Sonne, Rosmarin, Knoblauch, Pinie, Rose, Schafgarbe, Minze und Zypresse ergeben jenen metaphysischen Duft, aus dem sich die Anima dieses Landes mischt, und die Essenz dieser Anima findet sich im Wein, diesem herben, fast bitteren, dunkelroten, ja schwarzen Wein, der Zähne und Zunge rot färbt und aus meinem weißen Rock nicht mehr herauszuwaschen ist. Ein Wein von schwerem, würzigem Geruch, der dem Bauern Wasser und Kaffee ersetzt, denn Esimio beginnt seinen Tag morgens um fünf mit einem kräftigen Schluck aus der Flasche, der ihn hellhörig und wach macht und seine Verdauung wie seinen Kreislauf fördert.

Spät gereifter Wein und vorzeitig gereifte junge Mädchen: Entschädigung für die unbarmherzige Feuersglut des Sommers, linderndes Heilmittel für pathetische Seelen und Anfeuerer für südliche Eloquenz. Stimulans für Intellekt, Leidenschaft, Phantasie und Freizügigkeit, das den Geist schweben läßt und von seinen Dämonen befreit – Wein als Exorzismus. Zusammen mit Knoblauch, Rosenduft und süßem Schweiß gibt er dem bäuerlichen Körper jene starke Würze, die die Wespen anzieht, dem Menschen nördlicher Regionen jedoch fast peinlich ist, diese üppige südliche Animalität, die das Leben brennender macht und schwer an den Körpern hängt wie die prallen riesigen Trauben am Weinstock.

Einmal habe ich mir den Traum wahr gemacht, den Wein zu ernten wie in alten Zeiten. Wir haben die Körbe mit den kiloschweren Reben gefüllt, die wir von der Pergola schnitten und so vorsichtig in die Körbe legten wie neugeborene Kinder, noch leibwarm, und ab und zu biß ich in eine Traube, daß mir der Saft das Gesicht überspritzte und ich aussah, als hätte ich Nasenbluten, von wahnsinnig gewordenen Wespen umschwirrt. Die Trauben waren so überreif, daß sich trotz aller Bedachtsamkeit der Terrassenboden mit aufgeplatzten einzelnen Beeren füllte. Wir schütteten die gekelterten Trauben in einen großen Bottich, und vorsichtig setzte ich erst den einen, dann den anderen Fuß hinein.

Schließlich wagte ich es, kräftig auf die Trauben zu treten, ein seltsam intimes, erotisches Gefühl an den Fußsohlen, das mich an meine Kindheit erinnerte, als ich es liebte, die kleinen weißen Bällchen von den Büschen zu pflücken und mit der Fußspitze zu zertreten, um diesem platzenden Geräusch zu lauschen. Auch jetzt barsten die Trauben mit göttlichem Geruch, und das Blut der Geopferten drang durch meine Zehen hindurch und überschwemmte meine Füße, stieg, je länger und heftiger ich trat, bis hoch zu meinen Knien. Rosa Schaum kroch bis zum Schoß, zum hochgeschlagenen alten Kleid, und säumte den Bottichrand. Eidechsen nahten und schleckten den Saft, Ameisenheere trugen einzelne Trauben.

Die nächsten Tage stand der Bottich im Haus, und

wenn ich den Raum betrat, schlug mir eine Woge göttlichen Traubendufts in die Nase, und ich lauschte auf das erst summende, zischende, schließlich glucksende Gärungsgeräusch. Nach einigen Tagen, als der Geschmack des vollreifen Weins bereits im jungen, noch unreifen Most zu ahnen war, trennten wir den roten Saft von den zertretenen Trauben, warfen eine Pastille ein, die die Gärung stoppt, und füllten den Wein in Flaschen.

Im Winter schließlich gab es ein Festgericht, Schinken, frisches Brot und Ziegenkäse, dazu den ersten Becher selbstgemachten Weins. Er schmeckte kräftig und war von würzigem Duft, nur Florian, der Kleine, behauptete hartnäckig mit einem Kotzgeräusch, er röche nach Fuß.

Bellezza

Kaum sieht der Italiener etwas Schönes, so verlieren seine Augen jede Unsicherheit und werden konzentriert, machen Halt, voll tiefer Erwartung. Als ob er ein Licht gesehen hätte, das sich plötzlich vor ihm aufgetan hat, die Ausdruckskraft einer Welt, in der sich Mögliches mit Unmöglichem vereint.

Schönheit ist das Sujet schlechthin, das zentrale Lebensthema überhaupt, und fehlt sie, geht nichts zusammen: Italiener leben davon, von dieser Quelle des Staunens. Ob Salatplatte, Dolci, Kleider, Meer oder Blumen, von Frauen zu schweigen: sie sammeln die Perlen und reihen sie auf. Unsere quälende Stummheit, unsere dumpfen Augen haben hier eine Sprache, und es kommt mir vor, als ob das gleiche sonnige Gemüt, das vom Himmel kommt, hier über allem schwebt, also auch über mir.

»Gefällt es dir bei uns? Bist du gern hier? Wo ist es schöner, in Deutschland oder hier?« Fragen, tausendmal an mich gestellt, und mit kindlicher erwartungsvoller Miene steht Adua vor mir, die Arme ausgebreitet, das Gesicht meerwärts hingebogen, daß ihre Geste in ihrer Schönheit durch mich hindurchfließt, und ich sage voll wärmenden Glücks: »Hier ist es am schönsten, hier«, und ich freue mich über ihr Strahlen.

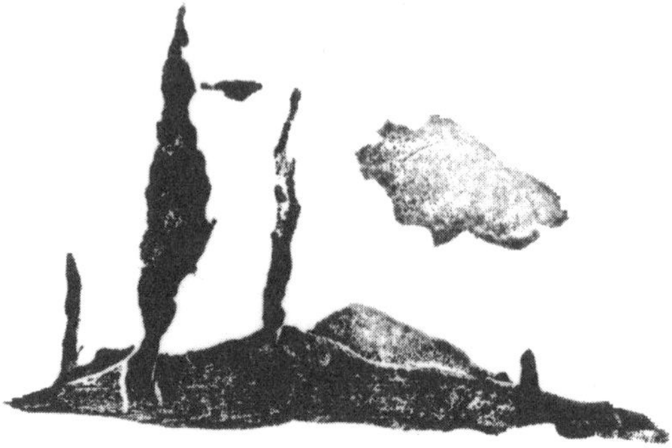

Gesänge

In heißen Sommernächten, wenn ich mein Lager im Freien aufschlage, auf der Wiese, von den Fittichen der weitästigen Pendula – einer Zypressenart, deren Zweige bis auf den Boden reichen – beschützt und von einem Moskitonetz umwoben, erhebt sich aus dem Nachtschweigen unter der heißen Himmelsglocke ein Ton, der rauhe Ton aus der Kehle eines Mannes, in zitterndem Beginnen, der anschwellend die sternenerhellte Finsternis durchdringt, sich klärt und an Fülle gewinnt. Ich weiß, das ist Silvio, ein Nachbar, und an den Pausen erkenne ich den Zug aus der Zigarette.

Ich spüre seinem Lied nach, dem regenbogenfarbenen Strahl seines Gesangs, und lausche auf seine Klage: sieh, was mir zugefügt wird, Himmel, sieh, ob es das wert ist! Daß ich darauf verzichten muß, die Hand nach Äpfeln auszustrecken, nach dem feuchten Hügel, den geöffneten Lippen?

Volle Töne, die sich wiederholen, einander gleichend, offener werdend, länger, durchsetzt von wachsender Trauer bis zum strömenden Schluchzen, von schlecht verhohlener Lust. Denn Silvio, dem seine Frau verwehrt, zu jenem Mann zu werden, der er in seiner Phantasie ist, lebt jungfräulich wie ein Priester.

Manchmal haben wir darüber gesprochen. Er saß an meiner Seite, trank Wein, rauchte seine MS und sprach von seiner ehelichen Heldentat, die Frau nicht zu berühren. Nur anfangs hat sie ihm diese romantische Belohnung gewährt, doch gleich nach der Geburt des Sohnes wandte sie sich ab.

Es gibt immer eine Stelle in seinem Gesang, wo meine Einbildungskraft versagt, dann, wenn in den überströmenden Kadenzen, zusammen mit Zigarettendunst, seine Sehnsucht kulminiert, und Jahr für Jahr denke ich: wie lange noch wird er seinen Gesang ausstoßen, ohne sich irgendwo zu holen, wonach ihn so sehr verlangt?

Früher, als ich von italienischen Ehen noch nichts wußte, betrachtete ich Silvio mit Verblüffung wie den Angehörigen eines mir fremden Ordens, und die Starrheit seiner Frau, der hysterischen Adelina, deren Jungfernhäutchen sich wieder geschlossen zu haben scheint, ihre Überzeugung, nur die Zeit bis zur Empfängnis begehrenswert gewesen zu sein, erregte mein Bedauern. Das ist gewiß der Grund jener höllischen Zwiste, die die Hügel erzittern lassen, der hinterhältigen Gereiztheit, spürbar in jedem Wort. Und doch hat der Kampf der Geschlechter hier noch längst nicht begonnen, denn jeder bleibt, wie er ist.

Längst hat Adelina aufgehört, anziehend zu sein, in geflickter, schmutziger Kleidung über unförmigem Leib und mit strähnigem Haar gleicht sie nicht mehr der appetitlichen Gärtnerin, die sie einmal war, und außerdem kommt sie aus dem Süden – ein Klassenunterschied, spürbar für Silvio bei jedem Streit. Kein Wunder! brüllt er, du Ignorantin aus Kalabrien, Analphabetin! Es hätte seit je einer allzu

schmerzhaften Anstrengung beider bedurft, dieses Bewußtsein ihrer Herkunft auszulöschen.
Deshalb singt Sivlio auch gegen diese Grenze an, die Grenze zwischen Nord und Süd. Und wenn sich sein Lied, den Höhepunkt ansteuernd, atemlos beschleunigt und ungebärdig wird, ersehnt Silvio die Aufhebung dieses Trennenden, dieser dunklen Dimension ihrer Ehe zwischen zwei Welten.
Darum singt Silvio von perlenbehängten und nacktbrüstigen Frauen mit schwingenden Röcken, von Körpern, wie eine festliche Tafel gedeckt, besingt das Weibesfleisch, immer wieder das Fleisch. Nur noch ein paar Kadenzen, denke ich, dann sind wir soweit…
Wobei ich mich nicht täusche. Silvios Gesang steht jetzt senkrecht unter dem Himmel, und an die Stelle der trillernden Pracht tritt ein doppelsinniger Ton, fast wie ein Stöhnen, ein heiserer Schrei, fast eine öffentliche Lust, entsetzlich einsam und verlassen.

Nilo und die Sprache

Nilo, Busfahrer, passionierter Raucher, Minenarbeiter dazu, hat seine Sprache verloren: Wo andere den Kehlkopf haben, sitzt bei ihm ein tiefes, durch ein weißes Tüchlein verdecktes Loch. Ich achte sein Schweigen, die erlernten Lippenbewegungen der kargen Rede eines Mannes, der hinfort von sinnenfroh-südlicher Lust am Sprechen ausgeschlossen ist.

Mißt man eine Sprache nach dem Grad des Eros, der ihr innewohnt, der Nähe zum Menschen, so erreicht das Italienische diese eigene Qualität, die im Deutschen so selten anzutreffen ist. Neben ungewöhnlicher Klarheit in der Abstraktion finden sich Bilder, aus Fleisch und Erde geformt, blitzhell-frecher Verstand steht neben wärmender Menschlichkeit – eine geschlechtliche Einheit.

Wenn ich Italiener sprechen höre, lasse ich mich ganz von dieser Melodie durchdringen, bestürzt von ihrer Genauigkeit und Leichtigkeit, der funkelnden Lebendigkeit: Sprache und Spiel, so selbstverständlich und leicht miteinander verbunden – ach, sie sprechen so gern!

Einmal lud ich Nilo zum Essen ein, da schüttelte er traurig, aber bestimmt den Kopf und verwies auf seinen unhörbaren Tod: »*Bevo solo e mangio il buio*«, entzifferte ich beim dritten Mal von seinen Lippen, »ich trinke nur und esse das Dunkel.«

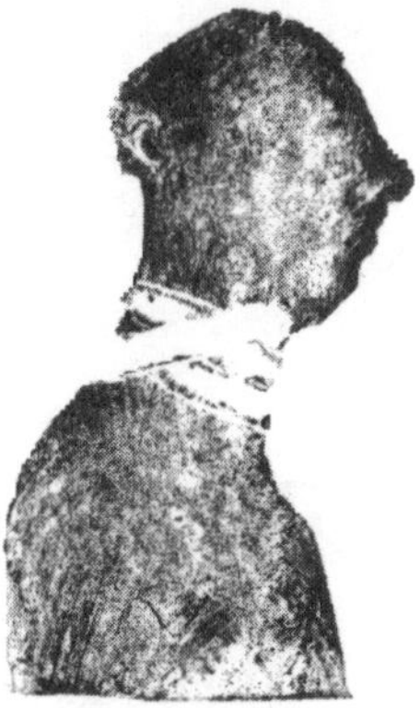

Der Carabiniere

Wenn das Wetter schön ist, doch nicht zu heiß, kämmt Tonio, der Carabiniere von Ribolla, sein Haar mit Wasser aus der Stirn zurück, ruft Enzio, den kleinen Kollegen, und stillt seinen Weltenhunger, indem er das Auto an dem schattigen Platz neben der Straße postiert. Mit überlegenem Lächeln, aufrechter Haltung, die Pistole im Halfter, die dunkelblaue Uniform frisch gebürstet und korrekt geknöpft, die roten Streifen an der Hose geradegezogen, steht er da wie jemand, der etwas Wichtiges absolviert, und läßt defilieren: Autos aus England, der Schweiz, aus Grosseto, auch die. Doch wenn einer aus Deutschland kommt, macht Tonio mit dem Arm jene weitausholende Geste, die zum Bremsen zwingt, und geht, dem Kleinen winkend, entschlossen auf das Auto zu. Mit einer leichten Neigung seines wohlbehüteten Kopfes und nachsichtigem Lächeln sagt er in korrektem Deutsch:
»Guten Tag. Schönes Wetter heute, nicht?«
Nach diesem Satz ist der Deutsche erleichtert und besänftigt, und es entspinnt sich ein kleiner, lapidarer Dialog – man müßte den Carabiniere jetzt weg-

tragen, geschähe nur fünf Meter entfernt eine Kollision. Von nichts und niemand nimmt er jetzt Notiz, denn das Schicksal will es, der Deutsche ist aus Düsseldorf, wo Tonio gearbeitet hat...
Die Begegnung, die dem ratlos lauschenden Kleinen endlos vorkommt und deren freundlicher Ton ihn mehr als verwirrt, hat nicht lang gedauert, der Fremde grüßt freundlich und fährt weiter.
Für den Carabiniere war dies keine verlorene Zeit, er hält sich gerade und geht, den Kleinen leutselig um die Schulter nehmend, zum Auto zurück.
»Fertig für heute«, sagt er mit weltmännischer Geste, den Hals gebläht, »jetzt weißt du, wie man es macht.«

DANTE

Ein dumpfer Donner, erzählt mir Marcello, hat ihn diese Nacht geweckt, er stand am dritten versteinerten Rund, unter ihm ein höllischer Abgrund, bodenlos. Ein schwarzer Teufel kitzelte ihn mit dem Hakenspieß, und ein Hundescheusal stürzte ihn in die Tiefen hinab. Da lag er nun im schmatzenden Schlamm der Schlemmer, verdammt, den Dreck zu schlucken, in Seelennot, und als er aufwachte, da war's sein schmerzvoll hochgeblähter Bauch.

Er erzählt mir das beim Essen und bietet mir die zweite Keule an. Ich lehne lächelnd ab, doch Marcello läßt sie sich schmecken: vom Traum vorbestraft, sagt er, sei nichts mehr zu retten.

WASSER

Anfangs pritschelte ich stundenlang im Badezimmer und wusch jedes Fleckchen, badete täglich, putzte mir die Zähne bei fließendem Hahn und richtete einen kräftigen Schwall auf mein Haar. Schlüpfte jeden Morgen in frischduftende Wäsche und richtete auf den Salat einen Strahl, die Blumen wässerte ich reichlich.

Eines Tages aber, als ich gerade ein Bad einlaufen ließ und das Wasser spärlich tröpfelte, schließlich erstarb, lief ich hin und her, kopflos und ohne Verstand, aufs äußerste verwirrt. Unversehens überkam mich die Angst, zu verschmutzen, gar zu verdursten...

Mir wurde bewußt, daß mein Leben eine einzige Verschwendung war: 100 Liter am Tag, nur ich allein! In den Zeitungen mehrten sich beunruhigend die Nachrichten von schwindendem Grundwasser, todkranken Meeren und versiegenden Quellen.

Fortan achtete ich darauf, daß die Hähne nicht tropften, erwarb eine Regentonne, aus der ich nun die Pflanzen wässere, reparierte die lecken Rinnen

und ließ einen Brunnen ausheben, badete nicht mehr und wusch mich, ohne zu säumen.
Und manchmal, wenn es regnet, stelle ich mich hinaus und öffne den Mund, wie ich es als Kind getan habe, um den Regen zu trinken.

DAS PHOTO

Eines Tages fand ich, in einem Winkel des Kamins verloren, das verblaßte, verformte, geschwärzte Photo einer Frau, das ich mit Esimios Hilfe entzifferte. Eine Frau, die Hände auf dem Bauch gefaltet, im glatten, schwarzen, hochgeschlossenen Kleid, mit unbeweglich dunklem Blick, das vergilbte Weiß von Gesicht und Händen reflektierte das Licht.

Maria, einst die Herrin unseres Hauses, Bäuerin und Witwe, längst schon tot. In mich gekehrt, blickte ich sie lange an. Keine Offenbarung. Das Gesicht blieb vom Staub wie verhangen.

August, im Lokalzug von Montepescali nach Florenz

Mir gegenüber ein italienischer Soldat mit Riesenepauletten, der mich mit großen, melancholischen Augen ansieht, als erwarte er Hilfe, während er mit der behaarten Rechten dort scharrt, wo sich seine olivfarbene Hose gabelt. Links von mir ein junger Mann mit schwarzem Schnauzer, Goldbrille, darunter ein schwärzlicher Blick, der zur Bekräftigung seiner Rede mit beiden Händen sein Gemächte umfaßt und anhebt, während die temperamentvolle Dame ihm gegenüber den Schuh fallen gelassen hat und mit ihrem großen Zeh spielt.
Im nächsten Coupé eine junge Frau, die sich ein wenig vorneigt, eine Locke dreht und auf ihren bebenden Busen blickt (sie sitzt über den Rädern), während eine Frau daneben, mit feuchtglänzenden Mundwinkeln, ständig mit der Zunge zwischen den Zähnen spielt und ihr Haar mit den Händen zurückwirft, ab und zu schnuppert sie unter ihrer Achsel.
Dahinter ein Junge mit alter, schlecht geschlossener Hose, die Hand in der Tasche, deren Futter herausgetrennt ist, denn ich sehe zwischen den Knöpfen vorn einen Finger. Daneben schlummert ein Mäd-

chen auf dem Schoß eines anderen, dem es den Atem in Hals und Rücken bläst, die Finger mit jenen der Freundin verschlungen, mit verschobenem Rock und nackten, gedrechselten Beinen.
Der Kult, den diese Finger rund um mich besingen, zieht meine Bewunderung auf sich. In dieser Komödie spiele ich die deutsche Dame und gähne hinter vorgehaltener Hand...

GIGLIO

Mal ist sie da, meine Insel, mal nicht, doch immer, wenn es mir an Einfällen mangelt, blicke ich hin zum Meer und suche sie, als erwarte ich Hilfe von dieser Unzuverlässigen, Trügerischen, von der manche Besucher schon behaupteten, sie sei eine Ausgeburt meiner Phantasie. Denn es ist eine besondere Insel, die sich nicht jedem zeigt. Ist das Wetter zu schön, straft sie uns mit ihrem Verschwinden, und gerade im Winter, wenn ich frierend in der Kälte sitze, die Feder in klammen Fingern verkrampft, steigt sie nackt und klar aus dem Blau, sanft wie eine Frauenbrust. Mal scheint sie weit entfernt, mal zum Greifen nah, durstig, felsig und konturiert, dann wieder weich und unbestimmt, einsam und unbekannt. Mal gleißt sie golden im Sonnenlicht, das eine Brücke zum Festland schlägt, dann wieder gleicht sie einem einsamen Segel, das mit dem Meer davonschwimmt, unverbunden, von Schleiern verhüllt.

Die Zeit, da ich unbedingt zu ihr wollte, war längst vorüber, da fuhren wir hin, vom Wunsch gezogen: nur einmal… Wie alle, die ihre Wünsche nicht un-

bedingt erfüllt sehen müssen, zögerte ich erst: ich fürchtete die Bruchstücke, die zwischen meinem Bild und der Realität entstehen könnten. Es siegte die Neugier, die darauf bestand, zu prüfen.
Eine kleine Insel der Schönheit, tatsächlich von Lilien übersät, diese »Lilieninsel«, belebt, nicht verlassen wie in meiner Phantasie: mit einer kleinen Stadt, einer Burg, schönen Villen. Ein Ort der Ruhe, ein Asyl. Die bezauberndste Bucht, die ich je sah, hell, leicht, azurblau und weiß, ein durchsichtiges, heiteres Meer, Stunden der Stille, des Eintauchens, ein Innehalten. Ich wollte nicht gehen, schwamm weit hinaus, flüchtig vom Gedanken durchzogen: Nie mehr kehre ich zurück. Ein übermütiger dreizehnjähriger Sohn, unbeschwert, kindlich und entfesselt, mit den Füßen strampelnd im Boot, ließ einen Schuh im Meer zurück, lachend warfen wir ihm den zweiten hinterher, barfuß kehrte er heim...
In meinen Phantasien hat die Lilieninsel ihren Platz nicht verloren, nicht in meinem Leben, meinen Büchern. Allein dadurch, daß ich sie meist beim Schreiben vor Augen habe und sie grüße, erkenne ich am besten, was uns verbindet und was uns trennt: es ist das Meer, und ich schicke ihr diese kleine Fregatte aus Wünschen und Worten.

ABSCHIED

Es ist kühl geworden, und ich sitze fröstelnd am Schreibtisch unter freiem Himmel, mit Decke, Fußsack und Armstulpen, welche die Finger freilassen zum Schreiben. Ich Unverbesserliche schreibe selbst unterm Regenschirm …
Eine Eidechse ist von der Pinie tollkühn abgesprungen, so daß sie nun, mit einem Plup!, mein Blatt wie ein Ornament verziert. Ich sehe das Herz klopfen, starr blickt er mich an, dieser kleine Drache, ehe er zum Tischrand kriecht und sich mit einem neuerlichen Anfall von Mut herabfallen läßt und rasch zwischen den Steinen verschwindet. Mit jener Geduld, die zum Schreiben gehört, schreibe ich meinen Schluß, am besten heute, da ich beschlossen habe, nachts abzufahren.
Mein Innerstes hat sich diesen Morgen zusammengezogen, ein Gefühl, erst geleugnet, eine Stimme, zunächst überhört, bis sich, als ich zu schreiben begann, ein Schatten über das Papier legte und ich fühlte, daß da dringend etwas zu klären war (wie gut, daß das nicht geht, in ungeklärtem inneren Wirbel zu schreiben). Eine Verschiebung, die spürbar

stattfand, etwas strebte davon, und das geliebte Fleckchen zog sich ein wenig zurück.
Warum? Wann? Wozu? Vielleicht kommt, wie vieles, am klarsten auf dem Papier zum Ausdruck, was ich fühle. Manchmal scheint mir, daß mein Innerstes noch nicht eindeutig auf dieses Haus festgelegt sein kann, daß mich die Stadt mit ihrem auf so ganz andere Weise kreativen Ganzen anzieht und ich, nach Zeiten des Rückzugs, wieder nach außen blicken muß. Es zieht mich zu Florian, meinem selbständigen Sohn, zu meinem Liebsten, der mich gewähren läßt, wenn er nicht mitfährt, meiner Familie, meinen Freunden – Freundschaften anderer Art als in der Toskana –, ja, es zieht mich tatsächlich in die Stadt.
Es hat auch mit meiner Sprache zu tun, die ich liebe, mit Diskussion, Auseinandersetzung, Kritik, mit Zeitung, Rundfunk, Politik. Mit all den Dingen, die eine Schriftstellerin braucht und die ich nur zu Hause besitze, mitsamt dem Verschleiß, der damit verbunden ist. Dies für immer wegzulassen, wird mir nie möglich sein – vermutlich bleibe ich auch später eine Wanderin zwischen zwei Welten, eine Schreibende aus einem Zwischenreich.
Mein Leben wird von diesen Übergängen bestimmt, zwischen nördlicher Kargheit, hinter grauen Mauern gefangen – und einer Welt der Fülle, mit Meer, Gras, Sonne und Wind, beides gleichermaßen von Arbeit überlagert und durch sie miteinander verbunden. Bisher wurde mein Leben durch diesen Wechsel reicher und voller.
Doch manchmal muß ich all das Schöne hier zurückweisen, vielleicht, weil Marcello recht hat und es zu schön ist? Vielleicht, weil ich oft zu lange allein hier bin, vielleicht aus Reibungsverlust?
Der Zauber dieses Hauses liegt auch im Hinaustreten, noch im Nachthemd, auf die Terrassen und Wiesen, darin, daß das ganze Land bis zum Meer,

das mein Auge umfaßt, mein uneingeschränkter Besitz zu sein scheint, ein Festtagsgefühl. Doch neben meiner Existenz wuchs Florian heran und vieles, das wir hier verwalten, hat mit dem Wunsch zu tun, es gut zu hinterlassen, für unseren Sohn. Dieses Bewußtsein gibt dem Haus und dem Garten ein gewisses Geheimnis: daß ich in Ordnung halte und richte, damit er es später übernimmt. Ein schönes Gefühl und etwas, das ich in der Stadt nicht kenne, denn dort sind nur die Dinge, die in meiner Wohnung sind, mein Eigentum.

Es ist kühl, ich fröstle. Ich packe mein Manuskript zusammen und meine Bücher und lege sie in den Koffer, putze das Haus und verriegle die Fenster, bereit, mich selbst aus diesem Paradies zu verstoßen. Schon ungeduldig auf Gianni wartend, schlage ich die Tür zu, verschließe sie, stelle den Koffer auf die Terrasse und blicke mich um. Es ist nicht wenig, täglich etwas zu sehen, das wächst und das ich gepflanzt und gepflegt habe.

Noch einmal gehe ich durch den Garten, glücklich über die Unberührtheit, die ich immer wieder hinterlasse: Die wilde Kraft der Natur verweist mich in meine Schranken, ein nie zu Ende zu führendes Buch.

Da kommt Gianni, im Sonntagsanzug, der zum Schweigen Verurteilte, er nimmt lächelnd und stumm meine Koffer. Und da ist Livio, der Bahnwärter, die Mütze schief auf dem Kopf, und er sagt. »*Ciao,* Barbara – wann kommst du wieder?«

INHALT

Ankunft 9
Meine Ölbäume 12
Garofano Rosso 18
Die Kastanie 23
Spaghetti Spaghetti 25
Cornuto 28
Kleine Götter 29
Esimio 32
Schwarz 34
Die Mamma 37
Kleinigkeiten 41
Schweigen mit Gianni 43
Nomen est omen 46
Marx der Amateur 48
Tanzende Kinder 51
Das Meer 53
Die gekaufte Frau 56
Fabrizina 58
Virginias Katzen 61
Lago Accesa 65
Wilde Brombeeren 66
Passeggiata 68
Der Herr des Marktes 70
Die Bande 74
Die Ziege 76
Cupido 78
Die Partisanin 83
Ruinen 85
Feigen 88

Lorenzo der Steinbeißer 90
Brot 94
Friedhöfe 96
Die Jäger 98
Annibale 100
Festessen 103
Rosmarin 105
Sempre in quadrato 106
Spiel 108
Die Bank 111
Marcello und der Müll 112
Renzo 115
Briefe 118
Mario 121
Giacometta 124
Ape 126
Mein Granatapfelbaum 128
Der Etrusker 129
Die Arbeitslosen 133
Zeit 135
Italianissima 137
Tristezza 139
Im Hospital 145
Misswahl 147
Siesta 148
Anima und Wein 150
Bellezza 153
Gesänge 155
Nilo und die Sprache 158
Der Carabiniere 160
Dante 162
Wasser 163
Das Photo 165
August, im Lokalzug von Montepescali nach Florenz 166
Giglio 168
Abschied 170

Barbara Bronnen, in Berlin geboren, wuchs in Österreich auf und studierte Germanistik. 1980 erschien ihr erster Roman »Die Tochter«, es folgten »Die Diebin«, »Die Überzählige«, »Die Briefstellerin«, »Liebe um Liebe«, »Dschungelträume« und »Donna Giovanna«.

Barbara Bronnen ist Autorin des Fernsehfilms »auf der suche nach A. B. – Der Schriftsteller Arnolt Bronnen« und des Theaterstücks »Bevor ich ins Gras beiße«. Sie lebt in München.